SERVIDORES DA LUZ NA TRANSIÇÃO PLANETÁRIA
Copyright © 2012 by Editora Dufaux
1ª Edição | outubro 2012 | do 1º ao 5º milheiro
2ª Reimpressão | Janeiro 2014 | do 10º ao 12º milheiro

Dados Internacionais de Catalogação Pública [CIP]
Câmara Brasileira do Livro | São Paulo | SP | Brasil

MÁRIO, José (Espírito)
Servidores da Luz na Transição Planetária.
José Mário (Espírito): psicografado por Wanderley Oliveira.
DUFAUX: Belo Horizonte, MG, 2012.
249 p.   16 x 23 cm
ISBN 978-85-63365-25-5

1. Espiritismo   2. Psicografia   3. Romance Espírita
I. Oliveira, Wanderley   II. Título

CDU 133.9

Impresso no Brasil   Printed in Brazil   Presita en Brazilo

EDITORA DUFAUX
R. Contria, 759 - Alto Barroca
Belo Horizonte - MG, 30431-028
Telefone: (31) 3347-1531
sac@editoradufaux.com.br
www.editoradufaux.com.br

 Conforme novo acordo ortográfcio da língua portuguesa ratificado em 2008.

Os direitos autorais desta obra foram cedidos pelo médium Wanderley Oliveira à Sociedade Espírita Dufaux (SEED). É proibida a sua reprodução parcial ou total através de qualquer forma, meio ou processo eletrônico, sem prévia e expressa aautorização da editora nos termos da Lei 9 610/98, que regulamenta os direitos de autor e conexos.

WANDERLEY OLIVEIRA
pelo espírito JOSÉ MÁRIO
Trilogia Desafios da Convivência

SERVIDORES DA LUZ
NA TRANSIÇÃO PLANETÁRIA

Série Desafios
da Convivência

Dufaux
editora

Sumário

Prefácio | 8
O saneamento astral do planeta

Introdução | 12
Os servidores da luz na transição planetária

Capítulo 1 | 18
Retomando a história do Grupo X

Capítulo 2 | 38
Bioterrorismo no submundo astral

Capítulo 3 | 54
Médiuns em catarse e médiuns em terapia

Capítulo 4 | 68
Sequestro de corpos espirituais

Capítulo 5 | 84
Visita aos cemitérios do submundo

Capítulo 6 | 96
Vibriões, os predadores inconscientes

Capítulo 7 | 112
Um novo conceito de educação mediúnica

Capítulo 8 | 128
Mediunidade de parceria: o acesso do
povo aos espíritos

Capítulo 9 | 148
Médiuns saneadores

Capítulo 10 | 164
Aura coletiva do centro espírita

Capítulo 11 | 186
Na ala dos médiuns em recuperação

Capítulo 12 | 206
O triunfo dos servidores da luz

Posfácio | 228
A trilogia se encerra, mas os conceitos
luminosos permanecem

Prefácio
José Mário

O saneamento astral do planeta

"E, qualquer que entre vós quiser ser o primeiro, seja vosso servo;"

Mateus 20:27.

Os médiuns na transição planetária podem ser comparados a uma extensa rede social interligada por pontos que interagem em regime de intercâmbio contínuo. Assim como as atuais redes sociais virtuais que conectam as pessoas nos mais diversos pontos do planeta, essa teia mediúnica assemelha-se a uma manta energética de proteção e um combustível que dinamiza inúmeras ações no bem.

Essa teia energética integra a extensa frente de ação dos servidores do saneamento astral do planeta. Utilizando-se dos médiuns na condição de poderosos catalisadores que trabalham pela assepsia sideral, os Servidores da Luz de nosso plano de vida operam maravilhas para evitar o mal e semear o bem.

Por essa razão, a renovação dos costumes e a educação dos sentimentos de cada trabalhador de Jesus que milita na seara do intercâmbio mediúnico serão os requisitos mais emergentes para que essa rede possa sustentar, cada vez mais, sua amplitude de misericórdia e compaixão com a humanidade, a caminho de um mundo melhor.

A história de Felício, narrada nesta obra, tem como objetivo destacar que em plena transição planetária, na qual as trevas se adensam em volume e natureza, os trabalhadores de Jesus na mediunidade são convocados a compor trincheiras de combate intenso e destemido, abrindo sua mente para recriar conceitos e reaprender lições.

A causa do amor nestes tempos de transição precisa muito mais de servos dedicados do que de médiuns fenomênicos. O Espiritismo precisa mais de apóstolos que de médiuns.

Entretanto, quando os médiuns conseguem servir e comprometer-se com os serviços do bem ante os desafios da transição, diminuindo-se para que o Cristo cresça, tornam-se espontaneamente alvo de um autêntico contrato de assistência avalizado pelos servidores da luz em favor de dias promissores de trabalho e libertação consciencial, enobrecendo sua vida e o ideal para o qual todos nós cooperamos nos destinos planetários.

Mediunidade é oportunidade redentora para quem consegue identificar seu reflexo pessoal nesse espelho translúcido que revela a imagem fiel de quem somos.

Rogo ao Senhor da vinha que estas páginas possam contribuir, de algum modo, para a formação de uma visão mais realista e cristã da tarefa dos médiuns, neste tempo de edificar as bases do mundo de regeneração.

Que Jesus fortaleça todos os servidores da luz e que os médiuns sempre se recordem do sublime ensino do Mestre: "E, qualquer que entre vós quiser ser o primeiro, seja vosso servo".

José Mário – setembro de 2012

Introdução

Maria Modesto Cravo

Os servidores da luz na transição planetária

"Além das coisas exteriores, me oprime cada dia o cuidado de todas as igrejas. Quem enfraquece, que eu também não enfraqueça? Quem se escandaliza, que eu me não abrase?"

II Coríntios, 11:28 e 29.

Daqui a algumas décadas, a comunidade espírita tecerá louvores à ousadia de quantos enfrentaram o bom combate na edificação das bússolas espíritas do século 21.

A exemplo de doutor Bezerra[1], Bittencourt Sampaio[2], Luís Olímpio Teles de Menezes[3] e tantos expoentes do amor fraternal que fincaram as balizas doutrinárias no alvorecer do século 20, surgem, neste instante, os operários da Era do Amor.

Trabalhamos todos de forma diferente para a mesma obra a obra da regeneração planetária sob a orientação de Jesus Cristo. O planeta é uma colmeia, e somos os aprendizes com ricas oportunidades de colaboração e progresso.

---

1 Adolpho Bezerra de Menezes Cavalcanti (1831 - 1900). Nasceu em Riacho do Sangue (CE). Foi médico, militar, escritor, jornalista, político e expoente da Doutrina Espírita no Brasil.
2 Francisco Leite de Bittencourt Sampaio (1834 -1895). Nasceu em Laranjeiras (SE). Foi advogado, poeta, jornalista, político e espírita brasileiro.
3 Luís Olímpio Teles de Menezes (1828 - 1893). Nasceu na Bahia. Foi jornalista brasileiro. É considerado um dos pioneiros do Espiritismo no país.

Estamos, neste momento psicológico da Terra, recebendo o apelo inestimável de recriar a forma de caminhar, conquanto o caminho seja o mesmo: o amor, a felicidade e a plenitude da paz.

Aos espíritas conscientes, verte do Mais Alto um clamor inadiável para romper limites e recriar a pedagogia da libertação consciencial. Um dos caminhos é a urgente formação de frentes de serviços que abram as janelas para a imortalidade.

O serviço mais valoroso que o Espiritismo poderá prestar à humanidade é colaborar para a destruição do materialismo. Como alcançar êxito nesse objetivo sem consolidar a crença lúcida na existência da vida além da matéria?

O amigo afetuoso José Mário, motivado pelo idealismo que move os nossos corações aqui na vida dos espíritos, trouxe-nos elementos muito oportunos e bem contextualizados nesta obra. Os apontamentos de nosso irmão são como um convite ao testemunho de reaprender. O século 21 terá como principal traço educacional o ato corajoso de desaprender. Só quem desaprende consegue reaprender. Só quem reaprende é capaz de recriar. Recriar métodos, recriar técnicas, recriar objetivos e, sobretudo, recriar comportamentos.

Recriar exige coragem, comprometimento e desapego. Muitos abandonarão o desafio em face da insegurança do novo, do reaprendizado.

Lancemo-nos ao trabalho de erguer abrigos para as intempéries da transição que desafiam a inteligência e o coração na gestação do homem da regeneração.

Conforme Paulo, tenhamos cuidado com todas as "igrejas", com todos os núcleos espíritas cristãos, abrindo braços fraternais e mãos operosas na formação de laços humanitários e cristãos que alimentem as nobres aspirações de tempos melhores.

"Quem enfraquece, que eu também não enfraqueça?"

Sozinhos seremos presas fáceis das redes vibratórias enfermiças e opressivas do conservadorismo estéril, originário dos cérebros intoxicados de conhecimento. Juntos, porém, os centros de trabalho cristão desse limiar da regeneração vão avançar em clima de sinergia, por meio de intercâmbios solidários. Uma rede plena de afeto.

Brotarão, então, o discernimento, o aprimoramento, o empreendedorismo, a confiança, o estímulo e a renovação das forças na caminhada, formando uma rede de afeto promissora e benfazeja.

Se a obra é do Cristo, nosso papel é servir onde Ele chama, abdicando da pretensão de administradores da Nova Era, assumindo nossa real condição de dispensadores de bênçãos, oferecendo um pouco do tanto que temos recebido para nos entregarmos nas mãos benditas dos servidores da luz, que nos amam.

"Se convém gloriar-me, gloriar-me-ei no que diz respeito à minha fraqueza"[4], afirma Paulo. De nossa parte, acrescemos: se algo temos para gloriar o Senhor, é o fato de nos aceitar em Sua obra nas condições em que nos apresentamos. Diante disso, suplicamos: auxilia-nos a nos diminuir para que Tua excelsitude contagie os grupos sob nossa responsabilidade e os sentimentos que povoam nosso coração nesta etapa da transição planetária.

Por entre as bênçãos do amor e o louvor ao bem, peço paz e força para todos os meus irmãos de caminhada.

Maria Modesto Cravo – setembro de 2012

---

[4] II Coríntios, 11:30.

Retomando a história do Grupo X

"Que é o que pode causar o abandono de um médium, por parte dos Espíritos?

O que mais influi para que assim procedam os bons Espíritos é o uso que o médium faz da sua faculdade. Podemos abandoná-lo, quando dela se serve para coisas frívolas, ou com propósitos ambiciosos; quando se nega a transmitir as nossas palavras, ou os fatos por nós produzidos, aos encarnados que para ele apelam, ou que têm necessidade de ver para se convencerem. Este dom de Deus não é concedido ao médium para seu deleite e, ainda menos, para satisfação de suas ambições, mas para o fim da sua melhora espiritual e para dar a conhecer aos homens a verdade.

Se o Espírito verifica que o médium já não corresponde às suas vistas e já não aproveita das instruções nem dos conselhos que lhe dá, afasta-se, em busca de um protegido mais digno."

O livro dos médiuns, capítulo 17, item 220, 3ª pergunta.

1

As valiosas experiências que aprendi nos serviços de assistência ao Grupo X[1] ampliaram largamente minha visão. Os assuntos da mediunidade, que sempre intrigaram minha mente, passaram a ter nova conotação. Sentia-me enriquecido com tudo o que vi e com os conhecimentos e as orientações sensatas ministrados por dona Modesta, doutor Inácio Ferreira, Eurípedes Barsanulfo e tantos outros tutores amoráveis de meu aprendizado no abençoado Hospital Esperança[2].

Mesmo nutrido com farta bagagem, não conseguia evitar a surpresa desagradável que ainda tomava conta de meus sentimentos

---

[1] Nome escolhido pelo autor espiritual para designar o centro espírita onde se passa a história desta trilogia.

[2] O Hospital Esperança é uma obra de amor erguida por Eurípedes Barsanulfo no mundo espiritual, cujo objetivo é amparar os seguidores de Jesus que deparam com aflições e culpas conscienciais após o desencarne. Informações mais detalhadas podem ser encontradas no livro *Lírios de esperança*, da Editora Dufaux.

diante dos conflitos desgastantes na convivência dos irmãos integrantes do Grupo X. Todo o carinho e o sagrado ato de compaixão de meus benfeitores para com eles contagiavam-me para a tolerância e o amor incondicional. Todavia, nos assaltos ocasionais de invigilância em meus pensamentos, era quase impossível absorver a ideia da presença de tanta animosidade em um ambiente com finalidades fraternas. Por mais que me fossem ministrados os esclarecimentos adequados sobre a grande distância que separa o conhecimento espírita, que preenche a mente, do sentimento educado que renova a atitude, vezes inúmeras entregava-me a questionamentos acerca da conduta de Calisto, Ana e Antonino[3], que eram os componentes que reuniam maiores conhecimentos e vivências doutrinárias naquela casa de amor e espiritualização.

Os irmãos no mundo físico, possivelmente, não conseguem imaginar o quanto é impactante ter de presenciar o desrespeito, a falsidade e a opressão nas relações, sendo que muitas vezes nada mais podíamos fazer a não ser ouvir palavras descaridosas, guardando-nos no clima da prece e do respeito. Era, para mim, um exercício que testava meus limites morais.

Ainda bem que podia sempre contar com o arrimo de amigos queridos e benfeitores disponíveis que protegiam meu coração, impedindo que a incompreensão encobrisse meus melhores sentimentos. Para atenuar as expressões inferiores do meu coração imaturo, contava sempre com a orientação libertadora que me proporcionavam os cursos, diálogos edificantes e várias outras ocasiões de aprendizado nos grupos de socorro e nas atividades educativas do hospital. Não posso deixar de registrar que, mesmo com tantas bênçãos em meu favor, minha maior motivação e alegria eram os encontros realizados na residência de dona Modesta, na periferia

---

[3] Calisto e Ana são dirigentes, e Antonino é médium, todos trabalhadores do Grupo X. São personagens que compõem os livros da trilogia *Desafios da convivência no centro espírita*.

do Hospital Esperança, nos quais, de modo informal, as mais vivas lições do Evangelho se fixavam em meu espírito por meio da conversa espontânea e fraterna, que me fazia lembrar as rodas de bate-papo entre bons amigos da doutrina no mundo físico. Entre um chá e um biscoito, no clima da esperança e do otimismo, os mais desafiantes episódios de socorro e amparo eram alvo da palavra edificante e esclarecedora, preenchendo meu ser de luz e visão ampliada sobre as mais variadas situações que marcavam nossas vivências no trabalho do bem.

O desligamento do médium Antonino do Grupo X[4] foi algo muito surpreendente ao meu entendimento ainda pouco ampliado. Diante das concepções sobre mediunidade que trouxe do mundo físico, eu me perguntava o que seria agora daquele médium e de sua tarefa sob a forte aferição dos embates da solidão e da ausência de orientação de dirigentes experientes. Sem o ambiente de uma equipe espírita, ele manteria os propósitos afinados com o Evangelho do Cristo?

Foi em uma tarde de sábado, nesses encontros reconfortantes, que tive a oportunidade de levantar minhas interrogações. Na ocasião, reuniam-se no lar de dona Modesta, aqui em nossa esfera astral no Hospital Esperança, o doutor Inácio Ferreira, o professor Cícero Pereira e Cornelius, entre outros integrantes de equipes auxiliares nas tarefas socorristas. O assunto pairava em torno de Antonino, quando indaguei:

— Dona Modesta, como classificar os acontecimentos do Grupo X sob uma perspectiva evangélica?

— José Mário, a presença do conflito entre seguidores do Cristo é mais que desejável, considerando que jamais pensaremos ou sentiremos em clima de completa igualdade. Jesus sempre prezou a diversidade. Muitos conflitos, porém, tornam-se improdutivos

---

[4] Fato registrado com detales no segundo livro da trilogia, cujo título é *Quem Perdoa Liberta*.

e geradores de separação por causa da imaturidade emocional. Quanto mais presos às algemas do egoísmo, menos chances de transformar nossos choques de relação em oportunidades de dilatar os horizontes por meio de outras perspectivas. Nossos irmãos no Grupo X, assim como a expressiva maioria dos seguidores do Espiritismo, guardam largas fatias de conhecimento espiritual que ainda não produziram, na intimidade, um nível de consciência emocional mais dilatado no favorecimento de uma convivência fraterna e construtora de paz.

— O egoísmo seria a causa?

— Na Terra, meu amigo, o egoísmo está na base de todas as nossas expressões morais e afetivas na evolução. Ele faz parte da dinâmica do progresso. Qualquer ser humano respira em torno de seu próprio ego, todavia, o egoísmo ganha efeitos nocivos quando o homem, sob hipnose do orgulho, acredita possuir as melhores noções sobre a verdade. A influência desse sentimento de importância pessoal aprisiona a vida mental a um ciclo emocional destruidor dos relacionamentos.

— Quer dizer que o problema da convivência está no orgulho?

— O orgulho, na sua forma tóxica de se manifestar, é o maior inimigo das relações humanas, porque congela o julgamento que fazemos uns dos outros em rótulos estimuladores da animosidade, criando campo para a mágoa, a inimizade, a maledicência e a indiferença.

— Congelar o julgamento? – manifestei minha dúvida.

— Ninguém vive sem julgar, meu caro José Mário. Isso seria abrir mão da nossa capacidade de pensar, examinar os acontecimentos e construir o discernimento nas relações em busca do aprimoramento. Entretanto, o orgulho intoxica a vida mental com o preconceito, a rigidez e o interesse pessoal. Esses elementos morais são responsáveis pela limitação do movimento mental do juízo maduro e libertador. Sem discernimento não existe amplitude de visão para analisar os caminhos humanos em direção a Deus. Na ausência de clareza, formamos juízos radicais, inflexíveis, que podem estimular contextos separatistas. O orgulho adoece o julgamento humano, que aprisiona o pensamento em certezas indiscutíveis acerca da conduta alheia e dos fatos da vida. A humanidade está sendo convidada a avançar emocionalmente. Posturas que não sejam embasadas em acolhimento e concórdia causam rejeição e antipatia. Mais do que nunca, em qualquer lugar do planeta Terra, seja na vida física ou nas regiões astrais, existe um apelo veemente por misericórdia, solidariedade, compreensão, entendimento e aceitação da pluralidade. Na posição cristã, a avaliação é iluminada pela compaixão, pela amabilidade e pelo acolhimento fraterno, que são fatores geradores da mais genuína amizade.

— Perdoe a minha dificuldade de me expressar, mas a senhora estaria afirmando que nossos irmãos Calisto, Ana e Antonino estão tomados pelos efeitos tóxicos do orgulho mesmo com a larga bagagem doutrinária que conquistaram?

— Tanto quanto nós mesmos, José Mário! Qual de nós, seguidores da doutrina, pode afirmar com segurança que a informação e a experiência doutrinária foram suficientes para transformar nossos mais infelizes sentimentos e renovar nossas mais descuidadas atitudes?

— Sim, eu entendo em parte, mas...

— Mas...

— Orgulho? Orgulho de quê, dona Modesta, se pronunciamos com frequência nossa condição espiritual ainda limitada e repleta de problemas a resolver? Os irmãos no Grupo X repetem isso frequentemente. Como entender essa conduta?

— José Mário, recordemos o ensino precioso de Jesus, anotado em Mateus, capítulo 7, versículo 21: "Nem todo o que me diz: Senhor, Senhor! entrará no reino dos céus, mas aquele que faz a vontade de meu Pai, que está nos céus." Pronunciar nossa condição não significa que tenhamos consciência dela. É muito natural que o conhecimento em forma de instrução doutrinária não nos promova a melhores condições espirituais de uma hora para outra. Tudo tem um tempo para amadurecer. O que existe de mais grave no assunto é a falta de cuidado com esse sentimento de orgulho que nos ilude com miragens de personalismo e grandeza que ainda não possuímos. Nossos irmãos no Grupo X estão muito bem informados sobre noções espíritas que lhes iluminam a forma de pensar, mas guardam frágil consciência das emoções que lhes gerenciam o comportamento. Nisso está a maior tragédia dos relacionamentos humanos: ausência de noção sobre quais são os sentimentos que governam nossos julgamentos, nossas escolhas e nossos comportamentos. Essa baixa consciência emocional perturba violentamente a vida de qualquer pessoa com os mais severos acidentes da convivência, seja na profissão, no relacionamento afetivo, na vida conjugal ou em quaisquer outras formas de interação humana. Conhecimento espírita nem sempre é termômetro de consciência esclarecida. E sem consciência esclarecida não existe libertação de nossos padrões ainda inferiores no que diz respeito à forma como lidamos com as necessidades pessoais uns dos outros. Não será demais afirmar que a concórdia nos relacionamentos é proporcional ao nível de consciência emocional dos que compõem um determinado relacionamento.

— O problema é esse orgulho tóxico!

Após exclamar minha frase, doutor Inácio adicionou:

— Para mim, esse orgulho tóxico chama-se arrogância. Aliás, eu tenho muito orgulho de minha arrogância! – como de costume, o médico uberabense, sempre muito espirituoso, ensinava-nos com seu bom humor.

— Explique isso, doutor Inácio, porque senão meu raciocínio se embaraça! – exclamei com desejo sincero de entender.

— É fácil, meu caro. A arrogância é a doença mental que deriva do sentimento de exclusivismo, ou seja, da importância que conferimos ao que acreditamos. E toda personalidade arrogante adora julgar e examinar a vida alheia como se fosse campeã da verdade e a única referência do que é certo ou errado.

Eis uma expressão que abala meus nervos: certo e errado. Qual de nós pode afirmar isso ou aquilo para si mesmo, com absoluta certeza, em relação ao que fazer ou pensar em todas as situações da vida? Não conseguimos isso nem para nós, e estamos querendo dar aula de certo e errado ao próximo.

A arrogância é, a meu ver, uma das doenças psíquicas mais severas, porque é aceita de forma pacífica na sociedade e confundida, muitas vezes, com coragem.

— O senhor estaria afirmando que a arrogância é fruto desse orgulho?

— A arrogância é a manifestação doentia do orgulho. O egoísmo é o vírus, a arrogância é sintoma da doença em manifestação. Egoísmo é emoção, arrogância é comportamento. Entendeu?

— Em parte, doutor Inácio. E onde entra o orgulho?

— O orgulho é o gestor da personalidade arrogante. É o sentimento que alicerça a conduta de insanidade dos arrogantes. A relação egoísmo, orgulho e arrogância é tão estreita que as definições e tentativas de separá-los na vida emocional e comportamental se tornam de pouca utilidade. O egoísmo é a mente centrada em si que, sob indução do sentimento de exclusividade do orgulho, orienta a atitude para a arrogância sem controle.

Dona Modesta, que acompanhava atentamente, observando o silêncio do professor Cícero, deu novo rumo à conversa:

— O professor está pensativo!

— Sim, Modesta! Penso nos rumos futuros da experiência do Grupo X.

— Pensa em Antonino, não é, meu caro Cícero?

— Sim, é verdade, Modesta! Os recursos a mim destinados por Eurípedes Barsanulfo constituem largo desafio a vencer no socorro ao médium.

— Antonino está à beira de um colapso de forças psíquicas com o desligamento do Grupo X, mas creio que os créditos empenhados por nosso diretor Barsanulfo serão fonte de alívio e dias mais promissores.

— São muitos obstáculos, embora me mantenha no otimismo constante. Antonino adquiriu uma larga resistência mental em embates, entretanto, encontra-se desnorteado sob o peso da escolha que fez.

— Não é para menos, professor! No fundo, ele reconhece o valor de uma equipe, só não quer mais os abusos da arrogância na convivência. Nesse sentido devemos apoiá-lo sempre, educando-o para o sentimento da compreensão em relação aos irmãos do caminho.

— Antonino terá uma prova de fé daqui para frente. Seu coração sincero sente-se desamparado. Ele carrega uma sensação de abandono e dúvida sem precedentes. Nas noites que consegue romper a barreira do sono físico e vir até nós, repete inúmeras vezes a mesma pergunta: vocês vão continuar o trabalho por meio da minha mediunidade?

— O afastamento do centro espírita, para Antonino, é o mesmo que romper com princípios fundamentais que lhe foram ministrados acerca dos pontos essenciais que um médium deve observar para o bom andamento de sua atividade espiritual.

Ouvindo o diálogo, interferi com uma questão:

— E, porventura, ele não tem razão de se sentir assim, dona Modesta?

— Com certeza, José Mário. O que ele não sabe é que a vida está lhe promovendo a uma nova ordem de vivência concedida a poucos medianeiros. Antonino, depois de mais de duas décadas de serviço ativo na disciplina, no estudo e no desejo de servir, amadureceu suas forças psíquicas a ponto de se encontrar em condições favoráveis ao exercício da mediunidade em bases excessivamente padronizadas na seara espírita. Seu poder de resistência contra os assaltos enfermiços do inconsciente é a base de sua vida psicológica e emocional para avançar em profundidade nas percepções extrassensoriais. Essa condição é, sem dúvida, uma conquista de proteção e serviço extremamente valiosa aos fins a que se destina sua faculdade mediúnica. Eurípedes Barsanulfo lhe destinou concessões de amparo e trabalho visando ao bem coletivo no futuro, por meio de um contrato de assistência.

Por essa razão, nesse momento de tormenta no Grupo X, conquanto venhamos a prestar socorro e levar serenidade a todos naquela casa do bem, nos foi delegada uma tarefa de maior responsabilidade com o médium, em face de seus compromissos coletivos. Nossa primeira tarefa será motivar-lhe as decisões para a continuidade do serviço por meio da ampliação de seu patrimônio de devoção ao bem em favor do próximo, independentemente das condições consideradas nos ambientes espíritas como essenciais ao bom desempenho da mediunidade.

— E que condições são essas?

— Antonino, que sempre aprendeu a obediência e o desapego na aplicação das forças psíquicas e mediúnicas, será agora convocado a uma nova postura mais ativa e com autonomia sobre a condução de suas faculdades.

— Isso não é arriscado para um médium?

— A grande maioria dos servidores da mediunidade, como você já sabe, são espíritos que se afastaram em excesso de sua luz pessoal, dos valores divinos em sua intimidade. A ostensividade das manifestações lhes é concedida pela necessidade de contato com seus próprios sentimentos, dos quais se distanciaram há milênios. Assim como o filho pródigo do Evangelho, negaram-se ao movimento sagrado de sentir a vida, alucinando-se com as fantasias do raciocínio egoístico. Depredaram em si próprios a herança divina, e agora, a preço de duras correções morais, procuram reconstruir o patrimônio emotivo que se encontra fragmentado, a caminho do transtorno psíquico.

O resultado dessa trajetória é exatamente o que conversamos há pouco: a loucura do orgulho nos domínios da ilusão. Como são almas sob a indução de raciocínios de grandeza e narcisismo, com facilidade sucumbem na hipnose da vaidade e acreditam-se especiais em razão dos poderes da mediunidade. Raríssimos médiuns escapam a essa prova.

Como nos orienta *O livro dos médiuns*:

"Este dom de Deus não é concedido ao médium para seu deleite e, ainda menos, para satisfação de suas ambições, mas para o fim da sua melhora espiritual e para dar a conhecer aos homens a verdade."

Por isso, nos primeiros tempos do exercício, a adesão a uma equipe, a disciplina perseverante, a renúncia pessoal com entrega e disponibilidade ao serviço e a obediência constituem sagrados deveres de aprimoramento e construção de valores nobres para um exercício seguro e afinado com as proposições cristãs. Todavia, essas medidas de vigilância e segurança, por si mesmas, nem sempre são suficientes para educar o médium no sentimento libertador da responsabilidade.

— Mas a disciplina, a renúncia e a obediência não são indícios de responsabilidade e melhoria espiritual?

— Sob a perspectiva do comportamento, sim. Da ótica do sentimento, existem outras considerações a ser refletidas.

— Fiquei confuso, dona Modesta!

— Como dirigente, José Mário, você não presenciou, por várias vezes, a luta dos médiuns para aplicar a pontualidade? Você não constatou o descuido de muitos médiuns com o regime alimentar, cuja extrema dificuldade de renunciar a um bom cardápio lhes impedia a renúncia incondicional? Não teve, você mesmo, variados lances de conflito com trabalhadores que não queriam seguir suas orientações e lhe questionavam as diretrizes em larga crise de melindre? Quantos médiuns perseveraram sem criar embaraços e problemas de ajuste afetivo aos grupos de serviço?

— Sim, dona Modesta! Experimentei muitas situações desse teor no plano físico.

— E eram somente médiuns novatos que criavam esses conflitos?

— Não. Os novatos eram até mais tímidos quando se tratava da primeira vez que integravam uma reunião para aprendizado. Contudo, os mais antigos, ou os que já haviam passado por várias casas e não se enquadrado em nenhum trabalho, eram os mais problemáticos.

— Nem por isso eles deixavam de se esforçar para ser responsáveis no comportamento, não é verdade?

— Sim, é verdade.

— Apesar disso, a responsabilidade, para a maioria deles, reduz-se ao esforço interior para consolidar hábitos por meio da disciplina. Nem sempre traziam no íntimo o sentimento sincero e espontâneo de servir e aprender incondicionalmente. Muitos trabalhadores, aliás, depois de um tempo no serviço mediúnico, entram em profundo abatimento com o ideal e passam a se manter na tarefa porque estão convencidos de que, se a abandonarem, coisas muito ruins lhes acontecerão. Outros se mantêm porque foram orientados que têm uma tarefa a cumprir e, se não se desincumbirem disso, perderão a reencarnação. Outros, ainda, guardam-se no trabalho por acreditarem ter assumido débitos clamorosos perante a coletividade, e só o desenvolvimento mediúnico lhes renovará as possibilidades na aquisição de sossego interior. Quantos não foram os médiuns que procuraram a casa espírita para desenvolvimento mediúnico com propósitos de alcançar prosperidade na vida? Grande parcela deles foi inadequadamente orientada a acreditar que os problemas da vida, sejam materiais, afetivos ou profissionais, poderão ser resolvidos com a adesão aos serviços da mediunidade. Procuram a casa doutrinária com extensos problemas a solucionar e querem saber como desenvolver mediunidade, como se isso fosse a solução para seus desafios de ordem pessoal ou uma obrigação que têm de cumprir por determinação imposta pela Lei de Causa e Efeito. Essa desorientação prejudica muito a consolidação da responsabilidade libertadora.

Mas mesmo quando o médium é inserido em grupos que iluminam o seu pensamento com diretrizes bem conduzidas em favor do exercício cristão e lúcido da mediunidade, focados na melhoria pessoal à luz do Evangelho, os tarefeiros ainda se deparam com dilatados vícios morais a vencer para edificarem essa responsabilidade sentida no reino do coração.

A responsabilidade no comportamento do médium pode ser, durante um tempo, apenas resultado do esforço pessoal de disciplina motivado pelo esclarecimento adquirido e pela contenção de seus impulsos menos dignos. E quando falo de responsabilidade libertadora, refiro-me ao médium que foi além e já consegue sentir o valor do serviço em seu próprio bem, articulando, por essa razão, espontaneamente e por decisão da vontade, seus esforços para fazer da mediunidade um *projeto de vida* no qual sua existência gire em torno desse compromisso. Responsabilidade com o Cristo é o sentimento de reconhecimento de valor das oportunidades que o obreiro encontra dentro da obra, em favor de seu erguimento consciencial.

Esse médium não trabalha com sobras de tempo nem com circunstâncias favoráveis. Ao contrário, ele ajusta sua vida tomando por centro a cumplicidade com o trabalho espiritual. Seu comportamento responsável brota da consciência adquirida em seus próprios sentimentos acerca do que envolve o exercício mediúnico, e também por guardar uma percepção emocional mais ampliada sobre suas reais e profundas necessidades de aprimoramento espiritual.

— E como fica a condição de Antonino diante desses desafios?

— Antonino guarda largas possibilidades de se tornar um servidor em condições de autonomia consciente e utilização lúcida de suas forças mediúnicas e psíquicas, por meio da responsabilidade cristã.

As concessões a ele delegadas por Eurípedes Barsanulfo são um reconhecimento e uma oportunidade. Não se trata de regalia nem privilégio. Ele não é um missionário na acepção espírita dessa palavra. Antonino é, na verdade, uma grande esperança de nossos esforços em favor do bem de nosso ideal de espiritualização humana no contexto da transição planetária. Por essa razão, centraremos todos os esforços possíveis no intuito de amparar-lhe a caminhada, em face das largas possibilidades de que ele se torne um mensageiro de nossas mais límpidas aspirações de melhora e progresso na coletividade espírita e mesmo em ambientes sociais de sua atuação.

Ficou mais claro o assunto, José Mário?

— Bem mais claro! E, mesmo com essas concessões conferidas a Antonino, existe o risco de perda ou suspensão de sua mediunidade em razão do afastamento do Grupo X?

— O tema perda e suspensão em assuntos da mediunidade merece considerações mais lúcidas, meu caro amigo. Em *O livro dos médiuns*, no capítulo 27, Allan Kardec dirigiu várias indagações aos Guias da Verdade. Nota-se, claramente, nas respostas dadas, que a interrupção da mediunidade guarda íntima relação com a conduta do médium. São avaliados necessidades, interesses e condições para que o exercício mediúnico obedeça a uma suspensão temporária ou até definitiva.

No item 220 do referido capítulo, fica clara a finalidade sublime da mediunidade em nossa vida:

"Podemos abandoná-lo, quando dela se serve para coisas frívolas, ou com propósitos ambiciosos; quando se nega a transmitir as nossas palavras, ou os fatos por nós produzidos, aos encarnados que para ele apelam, ou que têm necessidade de ver para se convencerem."

A melhora espiritual só é possível por meio da educação dos nossos sentimentos, e o conhecimento da verdade pode ser definido como a sabedoria que necessitamos construir para descobrir nossa verdade pessoal. A mediunidade, como um espelho instalado na vida mental do médium, serve de recurso para a autoavaliação. Nesse espelho, ele consegue uma condição mais segura e eficaz de se olhar com profundidade e descobrir suas mais ocultas mazelas.

A mediunidade desnuda a vida psíquica dos medianeiros para que eles próprios se enxerguem como são e busquem o aprimoramento necessário. Expressiva parcela de médiuns a entende como força de percepção para fora, enquanto, na verdade, ela é uma força reveladora das sutilezas da alma nos escaninhos da mente. Muitos querem ver para fora, ter vidência e audiência clara e límpida. Todavia, nem sempre se movimentam para olhar para dentro de si mesmos nem para ouvir os apelos de sua consciência. As maravilhas da mediunidade no mundo objetivo só serão possíveis aos que, antes de exercitarem forças mentais para fora, entregarem-se ao sublime gesto de dirigir a vontade no manejo de forças morais para dentro, organizando sua vida interior e conectando-a com o centro regulador da consciência.

Antonino, assim como qualquer médium, carrega muitas batalhas morais a vencer em favor de seu equilíbrio. Entretanto, sua disposição de servir e aprender são verdadeiros escudos protetores de sua vida mental. Tais requisitos são como fachos luminosos que indicam farta disposição de melhora espiritual, finalidade essencial da mediunidade. Concederemos a ele uma breve interrupção nas atividades mediúnicas relativamente aos serviços de socorro às furnas da maldade. Essa concessão, sobretudo, será feita em razão da ausência de condições de segurança somente encontradas quando da integração do médium a um grupo de trabalho. No entanto, em relação aos serviços de escrita mediúnica e amparo aos sofredores no plano físico e em nossa esfera, incentivaremos nosso irmão à continuidade sem descanso. Nessas iniciativas bendidas ele encontrará o campo propício para a recepção das orientações que pretendemos traçar a respeito dos compromissos futuros em seu favor e de muitas pessoas. Dessa forma, também encontrará uma melhor condição psíquica para resgatar a confiança no trabalho e a tranquilidade interior.

Dia virá em que a mediunidade será mais bem entendida no mundo físico, nos grupamentos espíritas e na sociedade, suprindo esse caráter místico e de obrigatoriedade de seu exercício em reuniões específicas de treinamento e educação. Seu conceito se ampliará e sua utilização não será restrita a grupamentos.

Aliás, não é demais informar que em nossos serviços de socorro aos grupos espíritas a estatística do Hospital Esperança demonstra que 85% dos conflitos em equipe guardam relação com a estrutura humana inadequada dos grupos mediúnicos.

— Dona Modesta, sua fala me despertou para um assunto sobre o qual venho refletindo há algumas semanas. Porventura, nossa equipe de auxiliares no socorro aos grupos espíritas terá ensejo de conhecer as atividades de outros grupamentos? – fiz a pergunta pensando, também, em outros companheiros ali presentes ao nosso encontro de amigos.

— Claro que sim, José Mário! As iniciativas de socorro ao próprio Antonino já têm destino certo, não é mesmo, professor? – respondeu dona Modesta, como quem já tinha em mente, juntamente com o irmão Cícero, as diretrizes de amparo para os próximos dias.

— Nossa tarefa, caro José Mário – falou o professor Cícero –, vai se concentrar em defender o médium contra as ações imprevisíveis dos inimigos do bem. Mesmo com o acordo feito com o submundo[5], fica difícil prever os acontecimentos futuros. Acreditamos em uma trégua nas pressões espirituais, no entanto, a experiência nos mostra que o instante é muito delicado. A oferta de relaxamento nos ataques por parte das falanges dos dragões é também um indício de que eles acreditam na queda do médium por meio de sua própria conduta de desânimo e invigilância, independentemente de qualquer ação contrária das falanges do mal organizado. Por esse motivo, quando as trevas colocam em destaque, publicamente, a sombra e a imperfeição, nossa tarefa consiste em valorizar e estimular os pequenos lampejos de luz. Mais do que nunca nos compete trabalhar com o otimismo na mente de Antonino. Mostrar-lhe que um equívoco não significa derrota total. Que sempre é hora de recomeçar. Que os caminhos que o esperam são muito luminosos e promissores, caso ele se decida por manter firme o propósito de avançar no serviço de sua própria iluminação. Não existe fracasso no dicionário do bem, existe resultado. O resultado dos conflitos no Grupo X não pode significar perda ou tragédia.

---

5 Esse acordo foi descrito no segundo livro desta trilogia, cujo título é *Quem perdoa liberta*, no capítulo 12: Os Laços da Comunidade Espírita com os Dragões.

— E como faremos isso, professor? – indaguei ansioso e cheio de esperança por novos aprendizados.

— Creio que Cornelius – que até então se mantinha em absoluto recolhimento – é o mais indicado a falar dos planos futuros.

— Claro que sim, professor – manifestou Cornelius! Começaremos amanhã mesmo com nossas iniciativas. O socorro ao médium virá do lugar de sempre. A tenda umbandista de Pai Bené.

— E quando teremos a alegria de conhecer o Pai Bené? – interroguei curioso.

— Dentro de alguns dias, faremos o contato da nossa equipe de auxiliares com ambientes no mundo físico que são leitos extensivos do Hospital Esperança, enfermarias de trabalhadores abnegados e dispostos a servir. Vocês terão o ensejo de conhecer nosso dedicado parceiro umbandista.

— E qual a ligação de Pai Bené com o hospital?

— Os laços entre Eurípedes Barsanulfo e Bené são antigos, de outras encarnações. Bené é um autêntico servidor do bem. Sua tarefa de assistência e socorro espiritual, durante décadas, proporcionou-lhe a condição de trabalhador efetivo desta casa de amor que nos abriga.

— Eu terei muita alegria em conhecê-lo – manifestei com mais desejo de informações que aguardaria com muita expectativa.

Ainda foi longe a descontraída conversa naquela tarde. Entre um chá e uma boa prosa, acertamos inúmeras medidas de trabalho e ação em torno das responsabilidades que nos aguardavam a colaboração no Grupo X e em outros grupos doutrinários.

A perspectiva de conhecer Pai Bené e saber mais sobre esse trabalhador do bem das fileiras da umbanda estimulava meu espírito a novos aprendizados. Como sempre, as perguntas saltitavam em meu cérebro a respeito de vários assuntos, entre eles a vinculação entre a tenda de umbanda e o hospital, e também sobre o futuro do médium Antonino e do Grupo X. Quais seriam os recursos a ser ministrados ao médium que se encontrava em iminente crise de solidão e desorientação ao se desligar de seus elos afetivos na casa espírita? Que espécie de amparo ele receberia de uma tenda de umbanda? Que significado teria o contrato de assistência endossado por Eurípedes Barsanulfo em favor de nosso irmão? Antonino conseguiria manter-se fiel aos sublimes fins da mediunidade com Jesus? E o Grupo X, como ficaria depois dessa crise de convivência? Como se posicionariam em relação ao futuro das atividades com o submundo?

Bioterrorismo no submundo astral

"*Entretanto, o médium é um intermediário entre os Espíritos e o homem; ora, o magnetizador, haurindo em si mesmo a força de que se utiliza, não parece que seja intermediário de nenhuma potência estranha.*

É um erro; a força magnética reside, sem dúvida, no homem, mas é aumentada pela ação dos Espíritos que ele chama em seu auxílio. Se magnetizas com o propósito de curar, por exemplo, e invocas um bom Espírito que se interessa por ti e pelo teu doente, ele aumenta a tua força e a tua vontade, dirige o teu fluido e lhe dá as qualidades necessárias."

O livro dos médiuns, capítulo 14, item 176, 2ª pergunta.

2

Passaram-se alguns dias daquele encontro agradável na residência de dona Modesta, e fomos convocados a integrar a caravana de auxiliares que visitariam a tenda de Pai Bené no Rio de Janeiro.

Chegamos ao local por volta das vinte e uma horas. Embora pequena, a casa estava completamente lotada. Uma placa discreta na entrada dizia: "Tenda Espírita Umbandista Pai João de Angola". À porta, fomos recebidos por generosos servidores da umbanda, que nos saudaram com caloroso abraço. Doutor Inácio e Cornelius foram tratados com reverência. Já eram velhos conhecidos naquela casa de orações e esperança.

Ingressamos no ambiente das dependências físicas, um salão humilde no qual estavam dispostas, aproximadamente, cento e cinquenta cadeiras, todas ocupadas. Na parede lateral, um enorme quadro de Pai João de Angola, o preto-velho protetor da tenda.

Um agradável perfume de incenso de alecrim espalhava-se por todo o local, vindo de um incensário no canto da sala. Uma mulher jovem explanava, inspiradamente, sobre O evangelho segundo o espiritismo. A assembleia em nosso plano astral, por sua vez, se multiplicava, pelo menos, em cinco vezes o número de encarnados. A atenção, em ambas as esferas de vida, voltava-se para as considerações afetuosas da explanadora no plano físico.

Na parte interna da tenda havia quatro salas espaçosas. Em uma delas, oito pessoas encarnadas estavam deitadas em macas. Passistas concentrados aplicavam energias calmantes em cada uma delas. Em outra sala estavam dez médiuns em completo estado de desdobramento, deitados em macas muito asseadas. Alguns mais perto, outros mais distantes do corpo físico. Fomos identificados por alguns deles, que chegaram a saudar nossos instrutores.

Observei, então, que Cornelius se dirigiu para um cômodo completamente isolado, localizado no astral da tenda umbandista, e o acompanhamos. Ao entrarmos, enfermeiros delicados noticiaram que o atendimento já havia começado. Penetramos no recinto em clima de oração. Era uma sala cirúrgica. Deitada na cama estava uma criatura em estado lamentável. Hematomas por todas as partes do corpo espiritual. Respirava a poder de aparelhos. Feridas purulentas esparramavam um líquido viscoso, semelhante ao pus, em cor branco-acinzentada.

O ambiente exigia concentração, que só foi quebrada quando um homem entrou na sala amparado por duas senhoras. Era um dos médiuns da tenda que estava em desdobramento. Demonstrando completa lucidez, cumprimentou a todos, abraçou Cornelius com expressivos gestos de afetividade.

— Este é Pai Bené, José Mário – apresentou-me, Cornelius, ao recém-chegado.

— Irmão, seja bem-vindo à casa de Jesus. Sou Pai Bené, às suas ordens. Que Oxalá o abençoe — e abraçou-me como se há muito também me conhecesse.

— A alegria é minha, Pai Bené — expressei com certa timidez, sentindo-me muito bem acolhido.

— E, então, como está nosso pobrezinho? — indagou o pai de santo.

— Em recuperação lenta. Temos muito otimismo com o caso — respondeu um dos enfermeiros.

— Deixe-me vê-lo – falou Pai Bené.

Com um carinho quase ingênuo e incomparável ternura nas palavras, ele se aproximou da cama e começou a afagar os poucos cabelos que restavam na cabeça do doente.

Tomando uma farta porção de algodão, apertou o tórax do paciente, que vomitou larga dose daquele líquido viscoso. Um odor quase insuportável tomou conta do quarto. Não tinha dúvida, era cheiro de carne apodrecida. Algumas janelas de ventilação foram abertas pelos colaboradores.

— É! A situação ainda é muito delicada. Após quatro semanas de tratamento, eram esperados melhores resultados. A misericórdia não faltará.

— Tivemos autorização de dona Modesta para a transfusão medianímica – noticiou o mesmo enfermeiro.

— Graças a Deus!

— Que Deus proteja o samaritano despojado que vier cooperar com nosso irmão.

— Logo mais, ele virá em desdobramento.

— Graças a Deus – disse novamente Pai Bené. Vamos, então, ao trabalho possível de ser feito agora.

Alguns dos enfermeiros trouxeram outra maca, que foi colocada ao lado, na qual se deitou o médium Pai Bené em desdobramento.

Sob comando mental poderoso, Cornelius sacudiu a mão direita e estalou, por três vezes, os dedos sobre a cabeça de Pai Bené, criando vigorosas emanações energéticas. O corpo perispiritual do médium imediatamente reagiu, como se estivesse inchando. Alguns segundos depois do "inchaço", uma cópia do médium estava em pé ao lado da maca. Era o corpo mental de Pai Bené. Com a ajuda de Cornelius, que agora fazia o mesmo movimento com os dedos sobre o chacra gástrico do doente, assisti, pela primeira vez, a uma cena inusitada. O corpo mental do médium literalmente entrou no paciente na mesma posição em que ele se encontrava na maca. Movimentos involuntários foram observados nas mãos e nos pés do paciente. Uma cor laranja formava uma aura em torno daqueles dois corpos acoplados. Vez por outra, formavam-se bolhas do tamanho de uma mão fechada, que estouravam em pequenas explosões espalhando intenso calor, nitidamente perceptível no ambiente.

Na medida em que as explosões aconteciam, era como se o corpo espiritual do doente sofresse uma pressão de dentro para fora. Uma secreção muito similar em cor e viscosidade ao pus que conhecemos na esfera carnal vazava alternadamente por todos os orifícios do doente. Ouvidos, ânus, boca e narinas estavam tomados por aquela matéria. Hábeis trabalhadores em regime de atenção e agilidade procuravam não permitir o acúmulo, recolhendo o material em vasilhames adequados. Médicos atentos analisavam os aparelhos ligados ao enfermo.

Não se passaram cinco minutos, e o corpo mental de Pai Bené, com uma fantástica desenvoltura, regressou ao seu corpo perispiritual. Embora sua fisionomia deixasse claro o estado de desgaste, ele se levantou como se nada tivesse ocorrido, agradeceu a todos, e disse que necessitava voltar urgentemente ao corpo físico, no qual se encontravam as reservas energéticas que o revitalizariam automaticamente. Antes do regresso, gentilmente disse:

— Espero-os mais tarde para os serviços de continuidade durante a noite.

— Permaneceremos aqui até a madrugada, irmão querido. Regresse ao seu corpo abençoado – orientou Cornelius.

Com a mesma facilidade, ele recobrou os sentidos na vida física, dando sequência às suas tarefas de amparo. Ao todo, desde a chegada de Pai Bené até seu regresso à matéria, não tinham se passado quinze minutos nessa operação de auxílio.

Olhei novamente o paciente. Apresentava, aparentemente, o mesmo quadro.

— Enquanto não receber uma segunda dose, ele se manterá neste quadro, José Mário.

— O que ele tem, Cornelius?

— Nosso irmão era uma cobaia nos laboratórios do submundo.

— Cobaia?

— Sim, José Mário. Nos laboratórios científicos do submundo são testados os mais variados tipos de armas biológicas, com as quais as legiões da maldade pretendem dominar o mundo.

— Jesus! Então isso não é coisa somente de noticiário na vida física?

— Ao contrário. O mundo material reflete imprecisamente aquilo que originalmente começa aqui em nossa faixa astral de vida. Ebola[1] e antraz[2], no mundo terreno, são apenas manifestações singelas da colônia bacteriana e viral que as mais severas inteligências desenvolveram em sistema de incubação aqui no astral.

— Esse homem aqui assistido foi contaminado?

— Ele é um caso dos experimentos recentes com vírus radioativo, isto é, um parasita com vida própria e capaz de contaminar por radiação. No mundo físico, uma mutação desse vírus pode ser detectada na fauna microbiana, conhecido como Vibrio vulnificus ou bactéria devoradora de carne.

— Como é feita essa contaminação?

— Os adversários do bem perceberam que os velhos mecanismos de ação mental direta sobre os servidores do bem estavam sempre os expondo a riscos desnecessários em sua concepção estratégica. A força hipnótica da mente e os duelos presenciais os colocavam em nítida desvantagem. Velhos ardis usados como implantes e ações de desvitalização e desequilíbrio energético a distância nem sempre alcançavam a eficácia que desejavam. Foi por causa disso que surgiu, no século 20, a complexidade nos temas da obsessão. A ciência passou a ser usada na criação de novos métodos de ação. Seriam necessárias novas opções desconhecidas e secretas. A engenharia genética, a psicotrônica e a nanotecnologia foram os campos mais explorados nas últimas décadas, criando as mais surpreendentes engenhocas de destruição nos laboratórios do submundo astral.

Utilizando-se de teorias avançadas, entre elas a física quântica, os técnicos das sombras arquitetaram, há milênios, a pro-

---

1 A febre hemorrágica ebola (FHE) é uma doença infecciosa grave muito rara, frequentemente fatal, causada pelo vírus ebola.

2 Carbúnculo hemático ou antraz é uma doença infecciosa aguda provocada pela bactéria *Bacillus anthracis* e a sua forma mais virulenta é altamente letal.

posta de colonização da raça humana por meio da modelagem do DNA. Com base nisso, reencarnam espíritos contaminados como se fossem "homens bomba" que trazem colônias bacterianas e vírus destrutivos em sua estrutura perispiritual. Alguns deles na condição de cobaias e outros com missão de renascer, contaminar e morrer infestados pelos próprios elementos destrutivos que carregam em seu perispírito.

— Meu Deus! E reencarnam como suicidas potenciais com objetivos de infestação?

— Exatamente. Renascem na condição de armas biológicas vivas.

A indústria da doença foi inspirada nos mais sombrios pátios da semicivilização e encontra-se, pelo menos, cinquenta anos à frente das descobertas humanas, em torno dos avanços no terreno da microbiologia. Por trás de tanta astúcia, esconde-se uma campanha ardilosa cujo propósito é o fortalecimento do materialismo no mundo. O incentivo à noção mecanicista na qual a vida, a saúde e os valores do bem-estar são todos restringidos ao corpo perecível.

— É mesmo o bioterrorismo do astral – expressei surpreendido.

— O bioterrorismo já existe na Terra desde todos os tempos, com fundamentos muito inteligentes e calculadamente orientados para a destruição e o domínio. O princípio básico de tudo isso é a magia.

As conhecidas Pragas do Egito foram ações que se utilizaram de magia e conhecimento de radioatividade para que pudessem acontecer. Em plena Idade Média, enquanto os homens lançavam corpos com peste negra por catapultas no intuito de ultrapassar as muralhas das cidades, os alquimistas desse tempo, na vida astral, os magos negros, produziam várias substâncias contagiosas com base em energias colhidas nas ocultas regiões do continente africano, muito especialmente o subsolo, onde se encontra, atualmente, o Templo de Luxor.

— E nesse caso do irmão aqui infectado, eles estavam programando um renascimento no corpo com esse objetivo maléfico?

— Talvez não tenha percebido a sutileza do quadro, mas você viu que logo atrás da cabeça de nosso irmão havia uma espécie de fio, similar a um cordão umbilical?

— Sim, percebi.

— É o cordão de prata. Ele, na verdade, está encarnado em estado de coma no Hospital Miguel Couto[3], no mundo físico. Pai Bené e sua equipe de servidores visitam-no três vezes na semana no mundo físico com o objetivo de livrá-lo da condição em que se encontra. Fazem orações e usam técnicas de libertação em uma capela próxima à UTI, e alguns médiuns se desdobram até o local onde se encontra seu corpo físico.

— Então ele foi infectado ainda estando no corpo?!

— Sim. Os médicos humanos não conseguem prever a natureza do que acontece com ele, cogitando um quadro similar ao de meningite, conquanto não queiram se arriscar a diagnosticar algo inusitado.

— E como ele se envolveu com o submundo?

— O nome de nosso irmão é doutor Felício. É um magistrado que se corrompeu com a ajuda de políticos ambiciosos e sem escrúpulos. Todavia, em recente caso, em raro momento de conscientização, levando em consideração a necessidade de expressiva comunidade carente, ele julgou uma ação que foi largamente desfavorável aos interesses das trevas em ambas as esferas de vida, com as quais se consorciou pela corrupção, vindo a sofrer todos os tipos de ameaça e sanção até adoecer e entrar em coma. Fora do corpo, ele teve seu corpo mental inferior sequestrado pelas organizações da maldade, que, além disso, lhe infectaram o perispírito com o vírus radioativo, como você pode constatar aqui na tenda. Se permitir o contato de seu corpo perispiritual com o físico, neste momento, a morte será inevitável.

---

3 Hospital no Rio de Janeiro.

— Que lamentável!

Após as explicações claras de Cornelius, olhei novamente para aquele homem e me compadeci de sua condição. A julgar pelos traços fisionômicos, não deveria ter mais de quarenta anos de idade. Fiquei pensando em quantos compromissos teria assumido no exercício de sua belíssima profissão.

Após essas iniciativas, acompanhamos ainda o fechamento dos trabalhos no plano físico da tenda umbandista, auxiliando diversos casos de dor aos quais eram dispensados socorro e orientação.

Passadas algumas horas, já na madrugada, novamente regressamos à sala onde se encontrava nosso irmão magistrado, doutor Felício. Cornelius havia se ausentado para buscar o médium que cooperaria na continuidade do socorro.

Notava-se, claramente, que o paciente apresentava um quadro de piora. A temperatura estava muito elevada, e havia uma previsão de que o cordão de ligação com o corpo físico poderia se romper a qualquer momento.

Já passava das duas horas quando Cornelius chegou acompanhado por Antonino, em completa lucidez, fora da matéria pelo desprendimento no sono físico. Recebemos o médium com alegria e fomos informados de que o socorro seria prestado ao doente por seu intermédio. Eu não podia imaginar que seria ele o colaborador, e fui colhido por uma grata surpresa, que, de certa forma, causava alívio por perceber que ele continuava sendo alvo da confiança de nossos benfeitores e mantinha-se firme nas tarefas. Dúvida essa que eu não deveria carregar, mas que, em razão das minhas limitações, ainda me causava apreensão ante as lutas inusitadas ocorridas com seu recente desligamento do Grupo X.

Todos os preparativos foram levados a efeito com muita rapidez, após a chegada do médium, e a mesma cena que acompanhei com Pai Bené no astral da tenda novamente se desdobrou à nossa frente. A diferença é que não víamos as explosões nem as bolhas.

Imediatamente, ao conectar-se com o corpo mental de Antonino, o doente apresentou uma baixa na temperatura. A "fusão" de Antonino com o paciente, se é que assim posso chamar, durou o dobro do tempo em relação ao mesmo acontecimento com Pai Bené. Outra mudança perceptível é que, ao acoplar seu corpo mental ao seu perispírito, depois de desligado do paciente, Antonino trazia grudada à sua estrutura uma massa gelatinosa de cor esverdeada com odor impregnante. Era como se ele tivesse mergulhado em um poço de lodo e regressasse completamente imundo.

Antonino agora estava inconsciente e foi levado prontamente de regresso ao corpo físico.

Terminada a tarefa, Cornelius veio espontaneamente em socorro de minhas dúvidas, e disse:

— Cada médium oferece aquilo que pode. A habilidade de Pai Bené em se desonerar das energias enfermiças diverge em muito da característica própria do médium Antonino. Bené limpou-se por aqui mesmo, mas Antonino vai levar ao corpo físico as energias aqui consumidas. Somente sob a atuação do poder magnético de reciclagem de seu corpo físico ele terá condições de operar a completa higiene energética.

— E não corre o risco de essas energias adoecerem seu corpo físico?

— Nesse caso não, por se tratar de alguém em plena sinergia de trabalho conosco, permitindo-nos avaliar em quais os quadros ele tem ou não condição de cooperar. Além disso, Antonino tem reservas magnéticas muito potentes no corpo, que, sob ação dos técnicos de nosso plano de vida, são capazes, até mesmo, em muitos casos, de transformar a matéria enfermiça em remédio para suas próprias necessidades. É o mecanismo da transformação, conforme assevera *O livro dos médiuns*:

"Se magnetizas com o propósito de curar, por exemplo, e invocas um bom Espírito que se interessa por ti e pelo teu doente, ele aumenta a tua força e a tua vontade, dirige o teu fluido e lhe dá as qualidades necessárias."

— Como será feita a acoplagem dele ao corpo? Terá algum cuidado especial?

— O único cuidado é que dois médicos do Hospital Esperança, sob a tutela de dona Modesta, estarão de prontidão até que ele acorde no corpo físico, para acompanhar a evolução da absorção da matéria tóxica e preservar o médium de algum ataque de vampirismo.

— Vampirismo?

— Algumas entidades farejam essa energia pelo odor e pela emanação de ondas, constituindo forte atrativo para o vampirismo. Além do que, o auxílio que vem sendo prestado ao magistrado não está isento de muitas reações violentas por parte de seus inimigos espirituais, que perseguem também a Pai Bené e sua equipe de trabalhadores.

— E o fato de ele se encontrar em um momento de abatimento emocional, com as dores de seu desligamento do Grupo X, não oferece algum risco?

— Nesse tipo de operação de desintoxicação energética, a limpeza depende mais de saúde física que emocional, conquanto alguns quadros emocionais inspirem cautela de nossa parte, porque podem se constituir em potentes agentes de transmissão para a enfermidade.

— Eu nem imaginava que Antonino pudesse ser o colaborador desta noite. Para mim, pelas informações recém-adquiridas com dona Modesta, supunha que sua crise psíquica o distanciaria de trabalhos mais graves por longo tempo.

— Ele está em crise, José Mário, mas nem por isso parou de trabalhar fora da matéria. Aliás, nosso propósito para com ele é bastante claro em relação a trabalhos futuros na mediunidade. Logo pela manhã, após o despertar, os médicos vão notificar dona Modesta, que fará uma visita a Antonino para prestar várias orientações, que não podem mais ser adiadas, em favor de seu reequilíbrio, diante desses embates íntimos do desligamento do Grupo X.

— Compreendo. E seria possível que eu pudesse acompanhar, durante a madrugada, o trabalho dos dois médicos com Antonino?

— Pode sim, meu amigo. Será muito importante para o seu aprendizado, e você ainda poderá ser útil na proteção ao nosso irmão.

Feitos os preparativos de praxe, fui levado à residência de Antonino e acompanhei o amparo a ele prestado até o amanhecer. Ele dormia no corpo e fora dele. Nenhuma atividade diferente foi registrada.

Enquanto as horas se passavam, troquei várias impressões com os médicos, que demonstraram já ter um bom conhecimento das necessidades do paciente sob seus cuidados.

O médium acordou com algumas dores físicas, que foram se dissipando no decorrer de duas horas. Aproximadamente às dez horas da manhã, ele havia reservado um horário para a psicografia, e dona Modesta foi chamada para o diálogo com o médium.

"A indústria da doença foi inspirada nos mais sombrios pátios da semicivilização e encontra-se, pelo menos, cinquenta anos à frente das descobertas humanas, em torno dos avanços no terreno da microbiologia."

Médiuns em calarse e médiuns em terapia

"*O desenvolvimento da mediunidade guarda relação com o desenvolvimento moral dos médiuns?*

Não; a faculdade propriamente dita se radica no organismo; independe do moral. O mesmo, porém, não se dá com o seu uso, que pode ser bom, ou mau, conforme as qualidades do médium."

O livro dos médiuns, capítulo 20, item 226, 1ª pergunta.

3

Após a oração, Antonino identificou a presença de dona Modesta, que lhe disse:

— Deus nos guarde em paz, meu filho!

— A sua bênção, dona Modesta! Estou sentindo muita falta de nossos diálogos reconfortantes.

— Foi necessário esse tempo, meu filho. Sua dor foi respeitada por nós. Entretanto, em tempo algum o abandonamos.

— Apesar de saber disso, dona Modesta, meu coração se sente órfão.

— Você se recorda claramente das atividades noturnas?

— Recordo-me apenas de Pai Bené e sua tenda.

— Fora do corpo, desde seu afastamento do Grupo X, não passamos uma noite sequer sem abençoar-te com consolo e esclarecimento, trabalho e aprendizado.

— Eu preciso resgatar meu sentimento de conexão mais estreita com vocês. Depois de décadas de trabalho, a sensação que me toma é a de um desempregado das atividades espirituais.

— As escolhas, meu filho, têm preço. Judas traiu e colheu os frutos de sua decisão. Dotado de ótimas intenções no bem, escolheu uma forma imatura para amar a Jesus. Vendeu-O a preço de moedas, esperando que o Mestre demonstrasse poder exterior ao ser preso. Tombou na própria tentação da posse. Você, igualmente, optou por uma estrada que lhe pareceu a direção de sua caminhada.

— A senhora acha que escolhi errado?

— Não existem escolhas erradas, Antonino. Existem escolhas e resultados. Nesse momento, passado tão pouco tempo de tudo o que aconteceu, dizer que sua escolha trouxe resultados infelizes é muito precipitado. Você apenas sofre um momento de adaptação. Eu diria que você fez sua escolha, e a vida precisa de tempo para criar os ajustes necessários da caminhada. Afastar-se de determinada casa espírita, em certos contextos, é compreensível e algumas vezes necessário. O que não podemos é nos afastar da vinha, do trabalho do bem, do compromisso íntimo de avançar.

— Estou pagando um preço muito alto por essa decisão.

— Coisas importantes na nossa vida, meu filho, são sempre muito caras. Exigem muito.

— Estou me sentindo muito magoado, culpado e sem forças.

— Ótimo!

— Por que ótimo?

— Eu me preocuparia se nessa situação você fizesse o que muitos fazem. Vivem o instante de forma prática, negam sentimentos e entopem a cabeça de ideias e estratégias para se convencer de que estão corretos, e ainda transferem acusações aos outros.

— Sinceramente, eu queria ser assim para não ter de sofrer tanto.

— E perder o aprendizado dessa hora?

— Que aprendizado, dona Modesta? – indagou com inconformação.

— Vejo muitas lições em sua vivência desse momento. Pela primeira vez, em séculos, você está novamente com as rédeas da sua vida. Para um espírito indolente, ter de escolher e arcar com as responsabilidades é muito trabalhoso. Você sabe do que estou falando.

— Sim, dona Modesta. Eu me sinto mesmo um espírito indolente, fraco e sem poder de dirigir minha vida.

— Então, meu filho, é hora de aprender. Você se lembra do pergaminho dado por Eurípedes a você, recentemente, no Hospital Esperança?[1]

— Lembro-me sim, dona Modesta.

— Como se sente diante disso?

— É meu único conforto! É tudo para mim! Saber que, apesar de perder as amizades no mundo físico, o carinho e o respeito de vocês continuam para comigo é tudo para mim. Ter o aval de vocês para continuar o trabalho é a única força que me resta para dar conta de recomeçar o caminho.

— Temos muito o que fazer, Antonino. Infelizmente, não estamos achando médiuns com disponibilidade e comprometimento para o trabalho. A maioria quer benefícios e passarela para vaidades. Poucos querem comprometimento e desapego das conquistas. Temos um terreno árido para arar, mas muitos querem um jardim florido para descansar e meditar. O serviço mediúnico com Jesus suplica parceria, especialmente nesses tempos de transição planetária.

---

[1] Esse assunto foi desenvolvido no capítulo 14, do livro *Quem perdoa liberta*, o segundo livro desta trilogia.

— Parceria! Como essa palavra mexe com meu sentimento! Será que sou parceiro?

— Você tem se apresentado ao desafio, meu filho! Evidentemente, sempre temos muito a melhorar. Admitir isso é um caminho promissor. A parceria envolve qualidades morais.

— Para isso, qual é a maior qualidade do médium com Jesus? E como alcançar isso, dona Modesta?

— São muitas as qualidades que um médium necessita apresentar no trabalho com Jesus. Eu, porém, tenho minhas dúvidas se existe alguma maior que a disposição incondicional de servir e ser útil ao próximo. Para mim, os médiuns que conseguem essa qualidade sagrada merecem o mais amplo respeito e misericórdia de nossa parte.

— Eu tenho meu coração nesse desejo, dona Modesta. De tudo o que aconteceu no Grupo X, sinceramente sinto mais falta disso do que das amizades falsas que só me trouxeram dor de cabeça.

— Não fale assim, meu filho. Não existem amizades falsas. Os rótulos em nada contribuem.

— Desculpe, dona Modesta. São minhas mágoas. Verdadeiramente, sinto mais falta do trabalho que da amizade.

— Eu te entendo. E, também sendo sincera, quero lhe dizer que quando não for possível caminhar com amizade e trabalho juntos, o que seria o ideal, o trabalho, muitas vezes, poderá fazer mais falta que os amigos. O amor pela dor alheia costuma acrescentar mais ao nosso espírito que as relações ainda aprisionadas aos limites naturais da convivência humana.

— Eu sinto dessa forma, dona Modesta, embora reconheça a importância do afeto e da boa amizade.

— Esses valores, meu filho, são construídos lentamente. Convivência fraterna são remédio e segurança para nossos passos, mas são como uma obra de arte que requer atenção, fino trato, paciência e muito envolvimento.

— Acho que, por isso, sinto-me muito magoado. Eu achava que esses valores faziam parte das relações no Grupo X. Eu me excedi em minhas idealizações. Não culpo meus companheiros por isso. Acho, mesmo, que nesses episódios infelizes de atrito e conflito, eles foram sinceros no que desejavam e no que realmente são.

— Vamos começar com o que sobrou, Antonino. Após o incêndio, resta-nos verificar as condições e iniciar a restauração.

— Que palavra boa de ouvir, dona Modesta. Restaurar!

— A mediunidade é uma escola apertada, meu filho. O amor pelo próximo e por suas necessidades é a alma do Espiritismo. Distanciarmo-nos da dor e dos dramas humanos é reviver velhos hábitos religiosos de fachada. Além do estudo que já é tão destacado nas casas espíritas, os médiuns necessitam muito do aprendizado do desejo de servir.

E desejo de servir é a soma do desinteresse pessoal, da fé incondicional na bondade celeste e uma acentuada disposição para aceitar as mazelas alheias.

O desinteresse pessoal significa renúncia, doação de si mesmo, compreensão do que o outro carrega em suas lutas pessoais. Jesus deu excelentes exemplos de desinteresse pessoal, sabendo que seria traído, negado e crucificado.

Fé na bondade celeste é a lição basilar da nossa existência. Sem fé, o amor falece. Como estamos precisando pensar nesse tema! Como desenvolver essa força nos sentimentos para sentir Deus presente em nossa vida! Manter conexão com essa força maior chamada Deus e senti-la é o grande segredo da libertação espiritual.

E aceitar as mazelas alheias é a atitude cristã do amor. É abster-se de total julgamento e servir. É abrir mão de conceitos e preconceitos e aliviar.

— E a maior necessidade do médium, qual seria, dona Modesta?

— Deixar a condição de sepulcros caiados, conforme advertência de Jesus em seus ensinos evangélicos[2]. A maior necessidade do médium, à luz do Evangelho, é ser quem ele é e superar a doença da hipocrisia, que o afasta de sua essência, do seu mapa pessoal em direção à libertação de sua consciência.

Os médiuns ficam, muitas vezes, interessados pelos temas referentes aos mecanismos da mediunidade, entretanto, o mecanismo que ele mais vai necessitar compreender para um exercício seguro de mediunidade é o de sua vida emocional.

Temos aqui, no mundo espiritual, diversos médiuns que foram bisturis para entidades espirituais. Ofereceram seus corpos como instrumental útil às dores alheias, mas não curaram sua dor pessoal. Evitaram submeter-se à cirurgia moral de seus hábitos e condutas. Serviram aos outros e deixaram de servir às suas próprias necessidades.

Eram pontuais, disciplinados, no que diz respeito ao preparo para as tarefas, todavia tinham uma vida de médium com Jesus e outra de médium com Mamon. Olhavam a mediunidade como uma missão que cumpriam a duras penas mediante pequenos esforços de desapego e da renúncia a alguns vícios no dia da reunião mediúnica.

---

2 Mateus 23:27 - "Ai de vós, escribas e fariseus, hipócritas! Pois que sois semelhantes aos sepulcros caiados, que por fora realmente parecem formosos, mas interiormente estão cheios de ossos de mortos e de toda a imundícia".

O desenvolvimento da mediunidade não guarda relação direta com o caráter do médium, porém, mediunidade à luz do Evangelho e do amor divino é uma questão de melhora moral do médium. Mais que desenvolvimento de potenciais mediúnicos, importa, prioritariamente, o desenvolvimento de potenciais morais. Qualidade mediúnica com Jesus é amor em ação.

— E, mesmo assim, tiveram problemas na vida espiritual?

— A maioria deles se encontra em condições de amparo e socorro em nossos salões de internação e recuperação no Hospital Esperança.

— Mas essa tarefa que eles desempenharam não foi útil em nada para eles?

— Foi sim. Era uma catarse, isto é, uma limpeza. Isso lhes dava alívio mental e força para continuarem a viver de modo menos penoso, conquanto de alma oprimida por fortes dores mentais e morais inerentes aos médiuns que ainda não ajustaram seu tônus emocional.

Entretanto, médiuns em catarse diferem de médiuns em terapia. Médiuns em terapia deciframo inconsciente, curam-se, convertem-se em seus próprios médicos com recursos de autoimunidade e harmonia.

Médiuns em catarse, na maioria das vezes, apenas "vomitam" o inconsciente e não iluminam suas sombras interiores.

Médiuns em terapia ou educação raramente precisarão desse mecanismo de catarse, na medida em que angariam forças próprias, conquistas pessoais no terreno da moral e da elevação espiritual.

Para quem busca liberdade em Cristo não basta despejar o inconsciente no árduo processo da transformação, é preciso aprender a se apropriar da luz espiritual que se encontra depositada na vida mental nobre, no superconsciente. É aí, nessa região da vida mental, que está o "quem eu sou". Apoderar-se dessa identidade divina faz com que o medianeiro avance em direção ao maior bem que pode fazer a si mesmo.

Temos muito serviço nos aguardando, Antonino. Se você considerar as experiências de agora como um fracasso, poderá ir ao encontro da dor e da fatalidade da descrença. Ao contrário, se olhar para tudo isso como aprendizado e riqueza, espera-nos um futuro de bênçãos com muito trabalho e progresso, amor e libertação.

— Eu me sinto muito aliviado em ouvi-la, dona Modesta. Suas palavras são um bálsamo para minha alma e força para minha fé.

— Fique com Deus, meu filho. Nós vamos caminhar com Jesus tomando conta de nossas necessidades. Deus o ampare nos serviços que logo surgirão em seus passos.

Após os esclarecimentos prestados a Antonino, pairavam algumas dúvidas em minha mente. Dona Modesta, que já se acostumara à minha curiosidade, indagou:

— O que você não compreendeu, José Mário?

— São dúvidas pertinentes ao meu preconceito, dona Modesta. Eu acredito que sei a resposta, mas gostaria de ouvi-la.

— Fale, meu irmão!

— Por que não foi escolhido um grupo espírita na cidade onde mora Antonino para socorrê-lo? Por que o recurso vem da tenda de Pai Bené, no Rio de Janeiro?

— Amor e afinidade, José Mário.

— Não haveria uma casa doutrinária ligada ao coração de Antonino que pudesse lhe prestar amparo espiritual?

— Existe sim, mas muitos dos que poderiam lhe prestar assistência não conseguem se libertar do sentimento de julgamento. Olham para Antonino como se sua situação, sem uma casa espírita para trabalhar, fosse fruto das obsessões decorrentes das atividades fora dos padrões doutrinários corretos.

Infelizmente, no mundo físico, entre boa parcela dos adeptos do Espiritismo, ainda é muito escasso o amadurecimento para compreender que a única prática coerente com a felicidade e o equilíbrio é o amor. A ausência dele, isto sim, pode acarretar desvios e problemas na vida de qualquer pessoa. Todavia, para muitos dos trabalhadores da doutrina, o desligamento de Antonino do Grupo X é visto apenas como mais uma derrota na sua vida em razão de sua extravagância nos métodos mediúnicos e nas produções mediúnicas que tem publicado. Muitos, inclusive, aguardam ansiosamente que ele bata à porta de sua casa espírita pedindo desculpas pela insanidade em seguir esse caminho contrário à pureza doutrinária.

— Lamentável!

— Muito lamentável! Continuamos discípulos do Cristo mais por nome que por atitude, meu irmão! Mais ocupados com a forma que com a essência! Inclusão com amor incondicional ainda é uma prática bem distante da maioria das práticas espíritas...

— E por que uma tenda de umbanda, e não uma casa espírita?

— Antonino tem um potencial mediúnico que vibra em faixas de experiência que vão muito além das costumeiras reuniões socorristas dos centros doutrinários. As tarefas umbandistas, dotadas de largo poder vibratório envolvendo a magia, isto é, a dinâmica mais ostensiva de forças energéticas, lhe trarão melhores resultados ao campo mental, além do que o beneficiarão, efetivamente, as tarefas que tangem os casos de pessoas envolvidas em magia negra.

— Magia negra?

— O compromisso de Antonino com as esferas do Vale da Doença[3] não encontra ressonância em atividades doutrinárias comuns, naquilo que muitos adeptos consagram como sendo o padrão espírita de segurança e coerência doutrinária. Sua potencialidade mediúnica permite uma realização mais vasta. Tudo é uma questão de adequação e maturidade individual. O padrão é um norte de segurança para a maioria. Antonino guarda compromissos e necessidades mais amplas.

Afora esse aspecto da sua mediunidade, na Tenda Umbandista de Pai Bené não temos observado nenhum "senão" a respeito de quem quer que seja. Todo serviço de amparo, fora da matéria ou mesmo no plano físico, tem encontrado, naquela casa, uma postura de amor incondicional. Não é por outro motivo que se tornou lugar propício, no qual doutor Bezerra de Menezes e outros corações elevados encontram campo para serviços de profundidade no reino do espírito.

— E quanto ao futuro do trabalho de Antonino? Com essa mentalidade quase dominante nos grupos doutrinários, quem vai acolhê-lo em sua necessidade neste momento?

— Estamos com uma casa em perspectiva, com a qual nosso irmão já tinha laços de amizade. Uma casa pequenina e que está em momento de muitas mudanças. Trata-se do Centro Espírita Servidores da Luz, cujo presidente, o irmão Julio, guarda laços de afeto com os irmãos do Grupo X. Ele acompanhou o desenrolar dos acontecimentos de perto, e está prestes a fazer uma proposta a Antonino para uma atividade mais livre na mediunidade. Nosso grupo espiritual se adiantou nesse sentido e, sob tutela da mesma entidade que

---

3 Um dos sete vales sombrios citados por Maria Modesto Cravo, no livro *Os dragões*, capítulo 4, Conferência de Isabel de Aragão sobre a maldade organizada. Editora Dufaux.

orienta Pai Bené, o irmão Julio recebeu de nosso plano um chamado para uma nova etapa no Servidores da Luz.

— E quem é esse irmão espiritual?

— O nosso querido Pai João de Angola, que, além de ser o benfeitor de Pai Bené na umbanda, é também o anjo guardião das atividades mediúnicas de Antonino.

Dona Modesta ainda me brindou com detalhes enriquecedores e, após suas explicações lúcidas, desconsiderei meus preconceitos enfermiços a respeito dessa teia que interliga espíritos aqui no plano espiritual.

Fui conhecendo, pouco a pouco, as nuanças do trabalho de Pai Bené na tenda, no Rio de Janeiro, e me integrando às novas tarefas que foram assumidas por Antonino no Centro Espírita Servidores da Luz, algumas semanas após o diálogo esclarecedor que mantive com dona Modesta. Neste centro, o médium passaria longo período de aprendizado e de enobrecedoras experiências.

"A mediunidade é uma escola apertada, meu filho. O amor pelo próximo e por suas necessidades é a alma do Espiritismo. Distanciarmo-nos da dor e dos dramas humanos é reviver velhos hábitos religiosos de fachada. Além do estudo que já é tão destacado nas casas espíritas, os médiuns necessitam muito do aprendizado do desejo de servir."

Sequestro de corpos espirituais

"Será indispensável o sono do corpo, para que o Espírito apareça noutros lugares?

A alma pode dividir-se, quando se sinta atraída para lugar diferente daquele onde se acha seu corpo. Pode acontecer que o corpo não se ache adormecido, se bem seja isto muito raro; mas, em todo caso, não se encontrará num estado perfeitamente normal; será sempre um estado mais ou menos extático.

Nota. A alma não se divide, no sentido literal do termo: irradia-se para diversos lados e pode assim manifestar-se em muitos pontos, sem se haver fracionado. Dá-se o que se dá com a luz, que pode refletir-se simultaneamente em muitos espelhos."

O livro dos médiuns, capítulo 7, item 119, 3ª pergunta.

Acompanhando diversos auxiliares das tarefas socorristas sob coordenação de dona Modesta, nos deslocamos para a tenda no Rio de Janeiro. Cornelius e sua equipe de cooperadores e técnicos da saúde dariam continuidade ao atendimento no caso do doutor Felício.

Somente depois de semanas de limpeza no astral, removendo as mais grossas camadas de pus energético e crostas decorrentes da contaminação em seu duplo etérico e no perispírito, era possível, agora, o contato do magistrado com o corpo físico dos médiuns por meio da incorporação, sem riscos à saúde dos encarnados.

O trabalho obedecia a um planejamento e à supervisão intensa para não ocasionar danos. O caso exigia muita habilidade e atenção. Especialistas acompanhavam, com devoção, as medidas que eram ordenadas cronologicamente.

Em uma das noites de trabalho, depois de previamente alojado no ambiente astral da tenda umbandista, Felício passaria, pela primeira vez, pela experiência do choque anímico. A força do corpo físico dos médiuns seria usada para a libertação das doenças astrais do magistrado. Era um recurso fundamental ao prosseguimento das iniciativas de socorro que ainda envolveriam delicadas medidas, diante da gravidade do caso daquele homem.

No terreiro de Pai Bené realizava-se, costumeiramente, esse tipo de tarefa, com médiuns responsáveis e abnegados. Excelentes em receber "encosto", como é chamado, na umbanda, tal gênero de entidade espiritual.

A sessão estava se iniciando quando adentramos o ambiente da tenda umbandista. Era uma noite de culto ao orixá Obaluaiê, o senhor das curas, o santo da libertação e dos ritos de passagem. Os atabaques rufavam alto e o ogã (puxador das danças e pontos) cantava com o coração a melodia muito conhecida e adaptada à música popular brasileira:

"Atotô Obaluaye, atotô baba, atotô Obaluaye, atotô é Orixá, (bis)

meu pai Oxalá é rei venha me valer, (bis)

o velho Omolu atotô Obaluaye (bis)

atotô Obaluaye, atotô baba, atotô Obaluaye, atotô é Orixá."

Os médiuns registravam as intensas e sadias vibrações vindas de Mais Alto.

Em nosso plano ficava nítido o volume de energias que circulavam na tenda, formando um piso vibratório que ainda não tinha sido presenciado por mim em nenhuma casa religiosa. Parecia mesmo um ciclone sobre a tenda, circulando em sentido horário, com cores amarelas vibrantes que representavam a presença de seres superiores ligados à natureza. Por fim, depois de entoados hinos sagrados aos orixás, era o momento das atividades com o povo.

Os atabaques silenciaram. Todos se aquietaram em seus lugares. As atenções se voltaram a Pai Bené, que se colocou no centro do salão. Sua fisionomia transfigurou-se, dando a impressão de um homem mais velho. De nosso plano, a visão era de uma autêntica transfiguração, porque era como se Pai Bené desaparecesse, ficando apenas uma silhueta de seu corpo, brilhando uma intensa luz de cor azul-claro em torno de seu corpo físico. Todos sentiam a aproximação espiritual da entidade em forma de paz entre os encarnados, como se uma brisa tornasse todos mais leves. Então o médium, incorporado por Pai João de Angola, fez a tradicional saudação dos pretos-velhos: "Que louvado seja nosso senhor Jesus Cristo, *muzanfio*!" E todos respondiam à mesma saudação.

Pai João passava a mão estendida sobre as pessoas atentas, literalmente envolvidas pela presença do pai velho. Pai João era amado naquela casa pela proximidade afetiva, pelas orientações sábias e ricas de simplicidade. Sua simples voz já fazia bem a todos.

Ele abraçou os doentes. Muito bem-humorado, como sempre, fez todos rir das suas metáforas e histórias puras e profundas.

Enquanto ele falava por alguns minutos breves, uma equipe de centenas de espíritos trabalhava em favor das dores e aflições que ali se concentravam, no mundo físico e espiritual, aproveitando o estado mental de fé dos inúmeros presentes.

Eram realizadas limpezas em doentes e atormentados, um serviço social que unia o céu e a Terra. O povo vinha com sua fé e sua dor até os espíritos, e os espíritos, por sua vez, conseguiam penetrar nos meandros mais profundos daquelas pessoas sofridas, aliviando alguns e libertando outros. Era uma cena de impressionar os mais insensíveis.

A certa altura das atividades, Pai João, ainda incorporado, recolheu-se com oito médiuns na mesma saleta, na parte interna da tenda, onde havia sido, anteriormente, prestado socorro a Felício, a fim de realizar as atividades de tratamento. Felício estava completamente inconsciente. Ao comando do pai de santo, um médium muito experiente o viu estendido na maca em nosso plano e estendeu as mãos sobre a região da cabeça do doente. Em seguida, literalmente, o puxou para dentro de si, incorporando-o.

O médium dobrou-se no chão em sofridas contorções, acompanhadas de verdadeiros grunhidos. Uma gosma saía pela boca do médium. No plano físico, quem observasse percebia, a olho nu, que tinha coloração esverdeada, similar à bílis. Auxiliares atentos da tenda limpavam com gazes e aplicavam passes reconfortantes no médium incorporado. Do plano espiritual para o mundo físico, quase não conseguíamos mais distinguir os traços fisionômicos de Felício. Víamos, agora, somente o médium em incorporação completa e profunda.

Pai João, mesmo sabendo da condição do doente, arriscou uma conversa, nada ouvindo de volta. E o médium começou, novamente, a vomitar um largo volume de matéria viscosa. Quem olhasse no mundo físico diria que havia estourado a vesícula biliar do médium. De onde poderia sair tão intenso volume de matéria daquela cor? Mas não. Não era nada orgânico o que ali estava acontecendo. Era mesmo um fenômeno de materialização e esterilização dos corpos de Felício por meio da força asséptica do corpo físico do médium encarnado. Crostas muito espessas, similares a cascas de feridas no corpo físico, arrebentavam-se no perispírito, brotando de dentro do seu corpo uma matéria repugnante que era expelida pela boca do medianeiro.

Todos acompanhavam, com enorme concentração, a tarefa.

Por fim, o médium devolveu a entidade às nossas mãos em estado completamente diferente do inicial.

Felício foi novamente colocado na maca. Mantinha-se inconsciente, mas estava remoçado, completamente limpo. O contorno de seu corpo podia agora ser vislumbrado com perfeição, deixando de lado aquele aspecto sombrio e deformado.

Os trabalhos seguiam sem cessar na tenda. Pai João regressou ao salão, despediu-se de todos e veio ao encontro de nossa equipe, e seguimos rumo ao Hospital Esperança, levando o corpo perispiritual de Felício e outros doentes que foram socorridos naquela oportunidade.

Ele foi devidamente acomodado no salão principal das enfermarias no subsolo do hospital, em sala especialíssima para casos de "fracionamento" de corpos. Após isso, Pai João se retirou para outros afazeres na enfermaria e nós reservamos alguns minutos de diálogo em dependência próxima, onde também se encontrava dona Modesta e Cornelius.

Já passava da meia-noite. Logo que me viu, ela me convidou para sentar e indagou:

— Como vai, José Mário?

— Aprendendo, como sempre, dona Modesta. Uma noite de grandes lições.

— Que bênção! Cornelius já me colocou a par dos acontecimentos com Felício. Fiquei muito feliz com a notícia. O caso vai ter prosseguimento, pelo visto. Pela manhã, acredito que já teremos alguma notícia nova sobre seu estado físico no hospital do Rio de Janeiro.

— A senhora acredita que ele reagirá tão rapidamente assim?

— Alguma mudança é esperada.

— Chegará a retomar a consciência e sair do coma?

— Nem tanto. Isso exigirá mais tempo e outros fatores favoráveis.

— Por que somente agora, depois de tantas semanas em coma, foi possível trazê-lo ao Hospital Esperança? Essa providência não seria bem-vinda anteriormente?

— Bem-vinda sim, mas não possível. O peso específico do corpo espiritual de Felício impedia qualquer medida saudável nesse sentido. Poderia, mesmo, ser prejudicial à sua saúde qualquer tentativa de remoção astral. Tudo uma questão de sintonia. Ninguém avança além das próprias possibilidades. A qualidade da matéria mental na qual ele se encontrava enclausurado é, na verdade, dotada de uma arquitetura molecular pertinente às regiões mais densas. Não fosse a misericórdia atuando, caso houvesse seu desenlace, seria inevitável sua adesão às tormentas do aprisionamento nos gélidos calabouços do submundo. Era necessário, primeiramente, desonerá-lo dos efeitos tóxicos provocados pelo vírus que lhe foi injetado pelos dragões.

— A senhora poderia me explicar a razão dessa intercessão? Por que essa tentativa de mantê-lo na matéria? Ele não se encontra envolvido com organizações criminosas na condição de uma cobaia de experimentos?

— Deus não quer a morte do pecador, meu filho. Felício errou e enveredou por vales de ilusão e engano. Seu estado é fruto de sua própria plantação. Colhe o que plantou, entretanto, ao optar por alterar suas escolhas recentemente, reagindo contra o mal com o qual se consorciou, ele foi o primeiro prejudicado. Julgou desfavorável uma ação de políticos desonestos e passou a sofrer todo tipo de pressão e ameaça, tombando na doença. Sua intenção agora é nobre. Ainda que tardiamente, ele se arrependeu de vender, a preço de moedas, o poder outorgado por sua profissão. Compete-nos, diante disso, ampará-lo em nome do bem. Até porque sua recuperação representa benefício justo a milhares de pessoas que serão amparadas com a ação judicial por ele julgada. Extensas faixas de terra sob domínio do narcotráfico e da desonestidade de gananciosos serão devolvidas às mãos dos legítimos proprietários. Dinheiro aplicado inconvenientemente será restituído aos cofres públicos e muitos empresários que poderiam promover o bem-estar a milhares de famílias deixarão de usufruir de renda ilícita.

Ainda que se corrompendo a princípio, as intervenções recentes de Felício nos fóruns da justiça humana mudam largamente o cenário social de milhares de famílias.

— Como ele chegou ao coma? Somente com as pressões das ameaças?

— Não. Esse ponto foi apenas um ingrediente no contexto de seu adoecimento. O estresse e o pânico dos acontecimentos colocaram-no em tormenta mental. Esse estado apenas serviu para potencializar o implante que ele carrega em seu duplo etérico, disparando a obsessão complexa e singular que o atinge de longa data.

— O estado de coma dele decorre de quê?

— Nas primeiras semanas do coma, quem o visitasse no hospital no mundo físico encontraria ali seu corpo físico e o duplo etérico apenas sustentando a vida vegetativa. Ainda assim, o duplo estava raptado ou confiscado, como se costuma dizer nas regiões inferiores.

— Mas como raptado, se estava ao lado do corpo?

— O rapto do duplo não significa distanciamento, mas possessão, domínio integral. Uma espécie de redoma foi criada a alguns centímetros em torno da aura desse corpo, usando tecnologia de ondas vibratórias. No entanto, seu corpo mental inferior, este sim, está alojado em furnas sombrias distantes, nos cemitérios de gavetas, sob completa vigilância dos sequestradores, bem distante do hospital no Rio de Janeiro.

— Meus Deus, agora me embaracei. E quem está aqui no Hospital Esperança?

— O corpo espiritual de Felício ou, mais propriamente, seu perispírito.[1]

— Mas isso é um esquartejamento de corpos! – expressei conforme a primeira comparação que me veio à mente.

— Surpreso, José Mário?

— Muito! Eu já havia presenciado quadros de sequestro de duplo etérico de pessoas encarnadas que viviam sua vida conscientes, trabalhavam e conviviam socialmente, mas escravizadas por gravíssimas obsessões. Esse fenômeno de corpos fracionados ainda não era de meu conhecimento.

— Esses fenômenos são chamados de dissociação de corpos. Algo que acontece quando se está encarnado ou mesmo fora da vida física.

— E onde está o corpo mental inferior de Felício?

— O rapto de seus corpos foi feito por mentes ardilosas. Após um ritual de passagem aceito por ele, espontaneamente, em uma noite de sono fora do corpo físico, ele foi promovido à condição de *servidor de experimentos científicos*[2]. Sabia, inclusive, que poderia perder a vida física e que sua graduação se perpetuaria, após sua morte, nas organizações dos dragões, no Vale da Doença. Para isso, recebeu um implante na região correspondente ao bulbo raquidiano, sob a forma de um pequeno anel com o diâmetro do dedo mínimo, que foi alojado no duplo etérico. Esse pequeno aparelho circular é um propulsor de desagregação molecular que permite esse fracionamento ou expansão controlada dos corpos a distância.

---

[1] Temos um conjunto de sete corpos espirituais, na seguinte ordem: corpo físico, duplo etérico, perispírito, corpo mental inferior, corpo mental superior, corpo búdico e corpo átmico. Os quatro primeiros são os corpos envolvidos na trama deste livro. Após a morte do corpo físico, o duplo etérico deixa de existir, e suas energias são muito disputadas pelas falanges inferiores do submundo.

[2] Graduação na falange dos dragões que dirigem o Vale da Doença.

Felício se consorciou com o mal, deliberadamente, em razão da ilusão do materialismo e do ganho ilícito, tornando-se responsável direto pelas desgraças de multidões atoladas no vício e na maldade. Ele carrega uma compulsiva ansiedade pela posse material e pela notoriedade. Inteligente e dissimulador, tornou-se um verdadeiro representante das falanges dos dragões, que viram nele um importante defensor de seus interesses. Em vista disso, passou a gozar das mais avançadas tecnologias e recursos de apropriação, que o colocaram em destaque.

Como você já sabe, José Mário, ao inverter sua decisão e resolver abandonar esse mundo de ilusão, imediatamente foi infectado com o vírus de alto nível de periculosidade pelas falanges do Vale da Doença, sob a tutela dos dragões da perversidade. De cobaia passou a vítima.

O rapto de seu mental inferior obedece a uma represália às suas últimas decisões. Ele está aprisionado em furnas do submundo, em outro vale, o Vale do Poder.

— E é tão fácil assim seccionar, se esse é termo a ser usado, os corpos e mantê-los em prisão?

— Nem tão fácil assim, meu irmão. Exige condições, e, neste caso, Felício as facilitou deliberada e totalmente. Além disso, o uso de tecnologia não pode ser dispensado para que esse quadro se mantenha por tanto tempo, como vem ocorrendo. O anel incrustado em seu duplo é uma autêntica "certidão de propriedade" concedida conscientemente às poderosas autoridades dos vales sombrios da maldade. Com ela os dragões tornam-se "proprietários" do duplo etérico dele após a morte do corpo físico e também obtêm larga facilidade de controle de sua vida por meio de tecnologia a distância. É um autêntico confisco ou sequestro, como é mais usual em nosso plano. Comparativamente à doação de órgãos na vida material, é como se Felício assinasse um termo de doação, de adesão espontânea às atividades da falange, entregando seu duplo enquanto encarnado para uso após a morte física. O anel, além disso, permite enorme facilidade de acesso aos campos energéticos do corpo mental inferior. Foi isso que permitiu o revanchismo odiento das falanges do submundo, assim que o magistrado optou por contrariar os interesses mesquinhos de nossos irmãos do submundo.[3]

— Santo Pai! Parece filme de ficção.

— Parece mesmo, José Mário. Veja você que a metáfora "vender a alma ao diabo" não é exatamente um enredo de novela ou ficção. É a realidade da escolha humana no caminho da evolução.

— E por que não raptaram o perispírito, e sim o corpo mental inferior?

— Porque, ao infectar o corpo perispiritual de Felício, desejam, por efeito, a morte do corpo. Dessa forma, logo teriam, a seu dispor, as energias pertinentes ao seu duplo etérico para uso em magias profundas.

— E quais são os planos daqui para diante, dona Modesta?

— O resgate de seu corpo mental com o devido acoplamento molecular ao perispírito.

— E como isso será feito?

---

[3] Nota do médium: pelas informações prestadas pelo autor espiritual, o assunto do rapto de corpos ainda vai merecer muita discussão e pesquisa no plano físico para que compreendamos melhor os casos de fracionamento ou desacoplamento dos mesmos. Segundo José Mário, a física quântica tem fundamentos que já tornam bastante compreensível o tema, entretanto, ao perguntá-lo sobre onde estariam os corpos mais sutis que representam o espírito de Felício, e que não foram citados nos textos deste livro, ele me respondeu que não há palavras nem ideias que poderiam explicar o assunto em nossa linguagem. Para não nos deixar órfãos de alguma reflexão, ele fez as seguintes perguntas: "Onde você acha que estariam os corpos sutis daqueles que vão para o umbral? Onde estariam os corpos sutis daqueles corações que chegam a perder a forma perispiritual nas mais profundas regiões do submundo? Acaso acredita que as criaturas que se atolam no lamaçal da evolução deixam de ser diamantes da criação divina? As correntes espiritualistas tangenciaram esse assunto falando de planos cósmicos ainda não estudados entre vós".

— Agora que temos a matriz perispiritual resguardada aqui no hospital, as esperanças de sucesso aumentam. O mais difícil foi resgatar esse corpo dos lodaçais infectos nos vales do submundo astral. A atividade da tenda umbandista, nesse sentido, é um serviço de especialização incomparável. Sem os devotados médiuns daquela casa e o amor incondicional de Pai Bené, as medidas de salvamento poderiam ser improfícuas. Nosso próximo passo será a extração do anel do duplo de Felício.

— É por conta desse aparelho que as coisas se mantêm tão graves?

— Nesse estágio do socorro, a remoção dessa tecnologia pode mudar toda a situação.

— E quando será feita a cirurgia?

— Após dois dias da permanência do corpo perispiritual de Felício na câmara holográfica. Dessa forma, será mais segura qualquer ação.

— Parece-me ser uma obsessão muito complexa!

— Esse nível de possessão do submundo pode ser considerado um dos mais graves de apropriação de corpos, porque, em consequência da tecnologia muito avançada dos dragões, o implante foi realizado no corpo mais periférico, mas com fortes ascendentes mentomagnéticos nos corpos profundos, tornando o processo de recuperação mais difícil. Não basta tirar o anel e pronto. Tudo envolve muito cuidado com esse processo de reacoplamento. A dissociação também não aconteceu da noite para o dia. Foram anos de processos lesivos aos seus corpos e que, de alguma forma, acarretaram a fragilidade no estado orgânico em que se encontra Felício.

— E já existem histórias como a dele que obtiveram sucesso?

— Histórias como a dele são muitas. Com sucesso recuperativo, são poucas. Mas não perdemos a esperança de algo conseguir.

Estamos, também, com tecnologia muito desenvolvida para esse fim.

— Caso não consiga...

— Virá o desencarne e, por automatismo, o corpo perispiritual de Felício obedecerá ao chamado do seu corpo mental inferior para efetuar o acoplamento no submundo.

— E como será feito o resgate de seu mental inferior, caso não haja o desencarne?

— Agora que seu corpo perispiritual está na sala holográfica, podemos interceder junto aos vales sombrios onde está a matriz de Felício, seu corpo mental inferior. Trabalhamos com essa hipótese de mantê-lo no corpo físico. Lutamos por sua recuperação.

— Essa sala especial vai ajudá-lo em quê?

— Ela foi desenvolvida com o objetivo de centrar as partes vibratórias fracionadas dos corpos, agregando e concentrando elementos dispersos nos primeiros meses do processo da reencarnação. Muitos espíritos em regresso ao corpo físico, durante a gestação no corpo materno, sofrem intensos e arriscados abalos em razão de desarmonias profundas em seu perispírito ou por ajuste com as cargas de energia mais densa da matéria. Em alguns casos, o bebê reencarnante desdobra-se do corpo e passa vários dias nessa incubadora de reorganização do perispírito, a fim de salvar-se de possíveis danos ao seu novo corpo. Da mesma forma, a câmara holográfica dispõe de alguns recursos para situações como a de Felício.

— E que espécie de recursos será fornecida a ele?

— Fortalecimento dos cordões de manutenção vital entre corpo físico e perispírito e defesa e realinhamento dos centros de força do corpo espiritual contra os venenos destruidores que emanam de seu mental inferior, que também carrega reflexos de contaminação pelo vírus radioativo nos cemitérios de gavetas nas regiões do submundo. O perispírito, protegido por essas condições, torna-se como um ímã dotado de potente carga mental, atraindo os elementos irradiados em regime de expansão por conta da tecnologia implantada no duplo etérico, e restaura a saúde energética geral, fortalecendo sua função asséptica e higienizadora.

— E como adentrar esse lugar, dona Modesta?

— Não é uma tarefa fácil, José Mário. Estamos planejando para daqui a três dias a iniciativa, sob abençoada coordenação do nosso querido Cornelius.

"O rapto do duplo não significa distanciamento, mas possessão, domínio integral. Uma espécie de redoma foi criada a alguns centímetros em torno da aura desse corpo, usando tecnologia de ondas vibratórias."

Visita aos cemitérios do submundo

"A subjugação corporal tira muitas vezes ao obsidiado a energia necessária para dominar o mau Espírito. Daí o tornar-se precisa a intervenção de um terceiro, que atue, ou pelo magnetismo, ou pelo império da sua vontade. Em falta do concurso do obsidiado, essa terceira pessoa deve tomar ascendente sobre o Espírito; porém, como este ascendente só pode ser moral, só a um ser moralmente superior ao Espírito é dado assumi-lo e seu poder será tanto maior, quanto maior for a sua superioridade moral, porque, então, se impõe àquele, que se vê forçado a inclinar-se diante dele. Por isso é que Jesus tinha tão grande poder para expulsar o que naquela época se chamava demônio, isto é, os maus Espíritos obsessores."

O livro dos médiuns, capítulo 23, item 251.

5

Não se passaram dois dias, e todos os preparativos já estavam organizados para a visita aos vales sombrios. A visita seria antecipada em razão do sucesso da cirurgia no duplo etérico de Felício. O anel de monitoramento que provocava a expansão dos corpos foi retirado, com facilidade, por um especialista do Hospital Esperança.

O quarto do doente no mundo físico recebeu um policiamento astral redobrado de nossos benfeitores da defesa.

O perispírito de Felício mantinha-se da mesma forma na câmara holográfica. Seu corpo físico, no hospital, dava alguns pequenos indícios de melhora nos sinais vitais. Por causa da intensa vigília no quarto, realizada por guarda armada e treinada, os dominadores de Felício não tiveram acesso a ponto de descobrirem que fora feito o deslocamento do perispírito do doente e a devida extração do anel de alta tecnologia parasitária. O caso exigia minúcias e providências cuidadosas para não pôr tudo a perder.

Havia uma suspeita entre os agentes das trevas de que alguma ação de resgate do corpo mental de Felício poderia ser tentada pelos servidores da luz e, por essa razão, eles também intensificaram a vigilância nos cemitérios de gavetas, para onde nossa equipe se destinaria.

Alcançávamos as primeiras horas da madrugada. Nossa equipe compunha-se de Cornelius, dona Modesta, Pai João, irmão Ferreira, eu e dezenas de auxiliares da defesa.

Rumamos do Hospital Esperança para um posto de socorro junto à crosta, representado por um grupo de corações afeiçoados à vivência da mensagem do Cristo. Uma casa singela, mas com psicosfera saudável. Nesse local erguemos uma tenda do Senhor para os serviços delicados de resgate e apoio. Uma enfermaria de socorros imediatos com o que existia de mais avançado em aparelhos e recursos.

Não ficamos ali mais que 30 minutos e, após oração coletiva, recolhemos três servidores da mediunidade em desdobramento no sono físico, entre eles Antonino e Pai Bené, para que nos acompanhassem no itinerário socorrista.

Tomamos ali um veículo próprio, que nos transportou até as imediações do local de destino. Víamos, a alguns quilômetros adiante, a Cidade do Poder. Muito iluminada e ostentosa, emitia uma densa e poderosa vibração que, por si só, constituía um espectro defensivo em forma de colinas naturais. Não entraríamos lá. Nossa meta eram os vales que a circundavam, nos quais temos feito periódicas atividades de limpeza e amparo. São as chamadas regiões suburbanas no Vale do Poder.

Cornelius, ao descer do veículo, olhou com piedade para aquela megalópole, como a lhe sondar as entranhas. Dona modesta, ao seu lado, tomou a mesma atitude. E, passados alguns instantes, convocaram-nos ao trabalho.

Começamos a descer a pé por um desfiladeiro envolto em sombras. Aparelhos de luz, similares a lanternas, foram acesos pelos cooperadores de irmão Ferreira, chefe dos guardiões, guiando-nos no caminho. Os médiuns encarnados vinham por último fazendo uma varredura geral no ambiente.

Lodo e odor asqueroso que recordavam fezes em decomposição dificultavam, cada vez mais, a peregrinação. Pisávamos algo como uma massa de argila, e um frio intenso subia por nossas pernas. A respiração ficava mais dolorosa e gemidos começaram a ser ouvidos, como se viessem de fundas cavernas. A temperatura era muito baixa. A equipe se comportava sem nenhum incômodo guardando um só propósito: o amor.

Descemos por uns vinte minutos até avistarmos um terreno plano cercado por muralhas antigas, com um enorme portão de ferro, onde se situava a entrada do cemitério. Havia um enorme brasão dos dragões incrustado no local da fechadura. Mais uma vez, paramos e Cornelius novamente tomou a mesma atitude. Era como se devassasse a essência daquele lugar; suas antenas mentais eram como radares de longo alcance a pesquisar o local.

Então assistimos a uma cena de transfiguração que já nos era comum. Dona Modesta se deslocou alguns centímetros do solo, com extrema rapidez, pairando no ar. Entramos em comunhão mental criando com ela uma rede de forças que se agitavam no formato de um redemoinho. Ela estava no meio daquele torvelinho de energias parecendo uma deusa que vinha dos céus. Trovões e relâmpagos começaram a zunir. Pai João, irmão Ferreira e os dois médiuns, Pai Bené e Antonino, tomaram uma nova forma. Estavam, agora, trajados como legítimos magos da idade medieval. Uma roupagem que mais lembrava um cetim em cor vermelha muito intensa, com capuz e largas mangas. Vimos, então, que homens apavorados, com armas sofisticadas, aparecerem no portão, atraídos pelo som que toda aquela cena provocou. Para quem não estava habituado, como era o caso de médiuns que nos acompanhavam, era uma cena assustadora pela algazarra que se instalara. O som era ensurdecedor. Cornelius e Ferreira agiam como se nada acontecesse. Olharam nos olhos daqueles soldados do mal que, sem pensar, abriram os portões.

Vimos, então, o que era chamado de cemitérios de gavetas. Centenas de câmaras termicamente isoladas, munidas de um sistema de resfriamento, que alojavam corpos congelados pelos senhores da perversidade.

Achei que seria fácil e, repentinamente, soou no ambiente uma sirene idêntica à dos campos de concentração nazistas. Deu-me frio no coração ouvir aquilo. Dona Modesta, que já havia retornado ao solo, e Cornelius mantinham-se firmes, com olhares fixos, e faziam movimentos tão rápidos que me dava a impressão de estar com vertigem, enxergando várias copias dos dois, como se expandissem e se multiplicassem. Fiquei meio zonzo com aquela cena. Eles expandiam seus recursos de clarividência e concentração em torno de todo o ambiente, criando uma autêntica armadura que protegia a todos.

Os soldados, após o toque da sirene, mantinham-se quietos.

Começamos a nos deslocar sob aqueles olhares horripilantes. Dirigíamo-nos, cada vez mais, para dentro do cemitério.

Havia uma rua central onde nos encontrávamos e que dividia o local em dois blocos distintos, um à nossa direita, outro à nossa esquerda. Olhei para o bloco da direita e observei que havia uma disposição-padrão. Eram grupos de nove gavetas, empilhadas em colunas de três. Entre cada grupo havia um pequeno corredor. Não conseguia vislumbrar onde terminava a rua central que dividia os dois grandes blocos. Era tudo enorme.

Um silêncio absoluto se instalou e vimos que saíam dos corredores existentes entre os grupos de gavetas vários capatazes vestidos com roupagem estranha e fortemente armados.

Até que surgiu um homem alto com um enorme brasão dos dragões no braço esquerdo. Ele não tinha armas e logo saudou a Cornelius com ironia.

— Ora, ora, o que traz o grande santo a essa latrina das trevas?

— Deus te abençoe, Zenon!

— Se eu estiver certo, vieram buscar os restos mortais de Felício!

— Exatamente.

— Não temos ordens para entregá-lo.

— Não queremos levá-lo conosco.

— E o que desejam?

— Uma visita apenas.

— Com que propósito?

— Cuidados médicos.

— Nem pensar! Aquele crápula já foi julgado e sentenciado à pena máxima.

— Permita-nos, pelo menos, verificar as condições para nos certificamos de sua ruína.

— Eu o conheço, Cornelius. Você não viria aqui só com esse fim. Ainda mais trazendo médiuns-magos vivos no corpo. Pensa que não os enxergo? Você está querendo é levar nossa cobaia.

— Não é bem assim. Nossos médiuns apenas nos acompanham em aprendizado. Não queremos afronta nem truques. Você sabe melhor que eu que essa prisão obedece a fatores naturais que nem nós, nem vocês reunimos condições de ultrapassar.

— Sim, eu sei disso. Logo ele perecerá na matéria e teremos o que nos interessa.

— Então, o que te custa nos permitir um olhar.

— Sem truques?

— Sem truques, Zenon.

— Você tem médiuns-magos em sua equipe, e eu vou impor condições.

— Que condições?

— Permito a visita desde que algeme os dois médiuns. Se fizerem truques, prenderemos os dois.

— Estou de pleno acordo.

Dois capatazes entregaram ao benfeitor um par de algemas.

Cornelius recuou alguns passos e dona Modesta, que estava ao seu lado, mantinha-se em silêncio e concentração total. Parecia não estar no ambiente.

O benfeitor chegou até Antonino, e Pai Bené e colocou a algema no braço de um e de outro, trazendo-os para a frente do grupo.

Zenon destacou dois de seus homens truculentos e os algemou aos médiuns, ficando, assim, os quatro presos uns aos outros.

Somente então abriu-se o corredor e o próprio Zenon acompanhou o nosso grupo à gaveta número 39, na qual estava o corpo mental de Felício.

— Abram – ordenou o chefe.

Sem titubear, como se já soubesse manejar bem aquela peça, Cornelius examinava com incontido amor. Um odor fétido tomou conta do ambiente, que já era quase insuportável e ainda ficou pior. Gases envolviam uma massa que lembrava um corpo carbonizado. Tudo dentro de uma cápsula de pouco mais de um metro de comprimento, que recordava um tubo de ensaio gigante. Era feito de matéria transparente e flexível e permitia que víssemos lá dentro a réplica reduzida de Felício. Somente quando terminou de puxar completamente a gaveta, pude constatar que o rosto de Felício era a única parte intacta.

Cornelius tocava naquele tubo, que era muito maleável. Após olhar com cuidado, disse a Zenon:

— A vida de Felício na matéria ainda pode ser salva, meu irmão.

— Sua bondade te enceguece, santo Cornelius. Este homem vendeu tudo o que tinha para nós e se tornou um traidor confesso.

— Ninguém tem esse direito, Zenon.

— Ora, não me venha com sermão filosófico, Cornelius. Diga logo o que deseja. Eu tenho certeza de que não veio só para olhar – o clima ficou tenso depois desse comentário.

— Sim, eu tenho um propósito: salvar Felício.

— Eu também tenho um propósito salvador de almas: pela situação que você mesmo vê, isso é totalmente impossível. Logo nos apoderaremos do corpo perispiritual dele e pronto. Vocês têm o corpo, nós temos o resto. Basta retirar seus guardas do hospital e nós nos apoderamos do que nos pertence, de papel passado.

— Você tem razão, Zenon, até certo ponto. Felício os chamou. Contudo, temos o direito de nos arrepender. E ele se arrependeu, chamando para si a misericórdia do Mais Alto.

— Arrepender? Você acha mesmo que ele se arrependeu?

— Ele tem uma mãe que vela por ele no mundo físico, que lhe mostrou o perigo do caminho por onde ele entrava.

— Velha, incapaz e intrometida. Já demos a ela o que ela merece. Vai morrer até mesmo antes do filho.

— Engano seu, Zenon. Felício tem parte com vocês, mas sua mãe, ao contrário, é uma serva do bem na Terra. Logo receberá os benefícios da libertação.

— Uma espírita de meia-tigela como todos os demais. Vai morrer em depressão a qualquer momento com as notícias de corrupção do filho, que vão se alardear.

— Permita-nos, em nome de Deus e das ligações que nos unem, Zenon, levar conosco este homem.

— Não tenho ordens e não permitirei. Mas posso lhe presentear com alguns lixos que só ocupam espaço por aqui, para aplacar seu sentimento de culpa. Cornelius, leve nove desses vermes infectos[1] para seu hospital de trouxas e ajude-nos a limpar o lixo que para nada mais serve. Vê como estou ficando caridoso – expressou com extrema ironia o servidor das trevas.

— Eu aceito sua oferta, mas não desistiremos de Felício.

— Nem nós.

O diálogo encerrou-se. Zenon ordenou abrir nove gavetas e levar algumas criaturas em estado lamentável. A gaveta de Felício foi cuidadosamente trancada pelo próprio Zenon.

Os padioleiros de nossa equipe, com cuidado ímpar, pegavam aquelas formas estranhas espontaneamente cedidas pelo zelador das trevas.

Como eram de pequeno porte, não ultrapassando um metro, era possível carregá-los sem esforço.

Todos nós fizemos o caminho de volta até o portão. Havia um clima terrível de desconfiança. Uma forte sensação de que algo de muito ruim ainda iria acontecer. Os médiuns foram desalgemados e regressamos. A última a sair foi dona Modesta, que se

---

[1] Os nove espíritos com formas perispirituais deformadas são chamados de vibriões, tema a ser abordado mais adiante nesta obra.

mantinha naquela condição absorta de concentração. Ao sair pelo portão, foi chamada de bruxa por Zenon, que cuspiu em seu rosto, causando um estado de dor em meu coração.

Depois que todos atravessaram o portão, Cornelius se dirigiu a Zenon:

— Meu irmão, eu lhe agradeço por permitir-nos a visita, e quero lhe entregar isso, que pertence às suas organizações.

— O que é isso? – Zenon pegou uma pequena caixinha das mãos de Cornelius e a abriu, falando truculento.

— É o anel de Felício, meu irmão. Já está desativado.

— Seu desgraçado!

O servidor das trevas foi surpreendido. Ficou estarrecido. E nosso benfeitor lhe virou as costas, saindo serenamente. Não olhei mais para trás depois disso, por recomendação dos nossos tutores. Apenas vi Pai João ao meu lado batendo várias vezes o seu cajado de mago no chão e formando um escudo de fogo instantaneamente em torno de nossa equipe.

Os servidores do mal ficaram atônitos e jurando vingança. Nada mais fizeram.

O trabalho da equipe, agora, durante o regresso, consistia em dar condições àquelas nove criaturas socorridas, porque a mudança de temperatura, entre as gavetas gélidas e os locais exteriores, lhes agitava e provocava uma sudorese de gordura e toxinas, que os aproximavam, na aparência, a pequenos tocos de sebo escorregadio. Recordavam aquelas peças inteiras dos açougues na Terra. Além disso, enquanto os auxiliares os carregavam, nem sempre conseguiam conter seus próprios vômitos, que eram expelidos roupa abaixo, para que a tarefa continuasse e não fosse prejudicada.

Mesmo irmão Ferreira, com grande experiência e poder mental, expelia semelhantes vômitos de forma contida. Era um processo de sugar e expelir matéria deletéria no contato com aqueles doentes. A tarefa era dar o asseio possível enquanto andavam. Mesmo assim, tudo se tornaria altamente repugnante não fossem os sentimentos elevados do grupo. Um médium mais habituado ao serviço socorrista ocupava-se em limpar as excrescências que saíam daquelas criaturas na região onde seriam os pés, mas que agora se tornaram um local de dejeção.

Ao chegarmos ao posto socorrista, Cornelius solicitou que todas as baterias defensivas fossem ligadas, prevendo possíveis represálias coletivas. Após isso, passou de leito em leito verificando as providências para com aqueles corações que foram socorridos. Todas aquelas criaturas estavam literalmente apodrecidas, mas eram tratadas com um carinho exemplar pelos amigos da equipe. Lembraram-me a condição inicial na qual vi o doutor Felício pela primeira vez na tenda umbandista.

Após algumas horas de recomposição e vigília, rumamos todos, levando conosco aqueles nove corações em estado de completo adoecimento, para o Hospital Esperança. Foram todos eles devidamente alojados nas câmaras de reconstituição perispiritual, no mesmo salão onde se encontrava o magistrado.

Para mim, até aquela ocasião, aquele ambiente era totalmente novo. Impressionava-me a quantidade de casos, a espécie de aparelhos e a forma de tratamento diferenciado.

Vibriões, os predadores inconscientes

"*Quais os sofrimentos maiores a que os Espíritos maus se veem sujeitos?*

Não há descrição possível das torturas morais que constituem a punição de certos crimes. Mesmo o que as sofre teria dificuldade em vos dar delas uma ideia. Indubitavelmente, porém, a mais horrível consiste em pensarem que estão condenados sem remissão."

O livro dos espíritos, questão 973.

6

A nossa excursão aos cemitérios de gavetas trouxe-nos um elevado nível de exaustão de forças, mas a simples permanência nas câmaras de recomposição do Hospital Esperança já nos tonificava.

Após a chegada, a nossa equipe foi dividida em diversos afazeres. Fui convidado, por Cornelius, a acompanhar as providências de alojamento daqueles nove corações. Eles foram dispostos em mesas assépticas para o devido preparo, a fim de serem colocados nas incubadoras recuperativas. Era um serviço minucioso de limpeza com uso de instrumental apropriado ainda não existente no mundo físico. Pinças de laser e pequenos aparelhos similares a canetas serviam para a cicatrização.

Saltitavam muitas perguntas em minha mente, e Cornelius, sempre gentil, puxou assunto.

— Certamente, o irmão José Mário deve estar muito curioso a respeito de nossas câmaras.

— É um lugar totalmente novo para mim, meu amigo.

— É um dos ambientes do Hospital Esperança onde mais se percebe a presença do amor do Cristo. É muita necessidade e carência reunida em um só lugar. Consideramos essa extensa enfermaria como a Casa do Caminho dos tempos modernos.

— Impressiona-me a limpeza, os recursos de tratamento e as tecnologias aqui usadas.

— De fato, José Mário, poucos locais aqui nas regiões astrais mais próximas da Terra dispõem de tão avançado acervo de bênçãos. As câmaras de recomposição foram as primeiras iniciativas de nosso diretor Eurípedes Barsanulfo na fundação do hospital. A tecnologia aqui usada, especialmente as incubadoras e os métodos de tratamento, foram orientados por seres intergalácticos.

— Intergalácticos?

— Sim. Recebemos, com frequência, a visita de médicos extraterrenos em missões especiais de educação e treinamento.

— E como eles são ou... – nem cheguei a expressar minha curiosidade, muito óbvia, e já recebi a resposta de Cornelius.

— São seres comuns, como nós, com muito mais avançado nível moral e intelectual. Divergem pouco do formato humano a que nos afeiçoamos, mas são amplamente diferentes na forma de falar e gesticular. São muito ligados ao coração do médico dos pobres, doutor Bezerra de Menezes, e a Eurípedes Barsanulfo. São velhos conhecidos de ambos. Dominam a tecnologia de saúde dos egípcios que vieram exilados para o planeta Terra há vários milênios. Fazem parte da equipe de seres angelicais da Fraternidade Branca, orientados por Seraphis Bey, cuja base de ação se localiza no astral da cidade de Luxor, no Egito.[1]

---

[1] No livro *Os dragões*, da autora espiritual Maria Modesto Cravo, no capítulo 15, Os Laços entre o Templo de Luxor e o Hospital Esperança, podem ser obtidas mais informações sobre o assunto abordado. Editora Dufaux.

— Que tipos de recurso eles trazem aos servidores do Hospital Esperança?

— São recursos muitos avançados no terreno da saúde do espírito. Entre eles, remédios terapêuticos oriundos de mutações de energias da natureza agregados pela materialização de energia sutil, vinda de planos superiores, com os quais nossos grupos mediúnicos curativos mantêm contato. Trazem, também, avanços tecnológicos, como nossa câmara holográfica, que você já conheceu, e vários experimentos da nanotecnologia e biotecnologia de recuperação e cura das mais graves deformidades experimentadas pelos corpos sutis, adquiridas durante os períodos da reencarnação com reflexos nessas estruturas mais etéricas. Temos, ao todo, cinco incubadoras para atendimentos emergenciais, por onde passa, temporariamente, a grande maioria dos socorridos nesta ala. E temos, também, mais vinte mil leitos em várias instituições socorristas especializadas no plano espiritual, para onde é destinado cada um deles na continuidade do tratamento, até poder tomar um novo destino pela reencarnação ou pela deportação para outros mundos.

— Deportação?

— Sim, o exílio para outros mundos.

— Existe um preparo até para esse fim?

— Como o irmão pensava que seriam feitas essas migrações?

— Na minha concepção primária, seria um veículo que os viria buscar e nada mais.

— Não é simples migrar espíritos para outros mundos. Isso exige cuidados tão delicados quanto os de trazer o doutor Felício e esses nove espíritos para cá. Tanto para subir de plano, quanto para descer a esferas mais densas pelo exílio, tudo obedece ao espírito de sequência e preparo.

— Nossa! Como gostaria de saber mais sobre esse assunto. Será que conseguiria permissão para aprofundar o assunto e destinar algo aos amigos no mundo físico?

— Na hora certa faremos isso por necessidade, meu irmão querido.

— É um trabalho que exige muita atenção e acompanhamento. Atravessamos um momento de enormes desafios neste ambiente do hospital, considerando que por vários períodos já tivemos a lotação completa.

— Que tipos de situação são mais comuns a esses corações aqui internados nas câmaras de recomposição?

— Temos de tudo um pouco, meu irmão. Tome por base o caso de Felício, que você vem acompanhando, para ter uma noção. Temos por aqui criminosos confessos que perderam a razão e lesaram seus corpos espirituais, suicidas reincidentes que perderam a forma, disseminadores do mal que foram violentados até a segunda morte nos pátios de inferioridade, intelectuais que criaram os calabouços da maldade no submundo astral e se tornaram vítimas de suas próprias criações, transformando-se em criaturas monstruosas.

— Você mencionou Felício e me veio à mente o seguinte: por que esses nove espíritos foram trazidos direto do cemitério para cá, enquanto Felício passou por uma etapa de limpeza e iniciativas até conseguir chegar aqui ao hospital?

— A primeira razão é que eles estão fora da matéria, e isso torna bastante diversa a condição de seus corpos espirituais, enquanto Felício ainda está conectado ao corpo físico por laços densos. Qualquer medida imprudente poderia significar, para ele, a morte orgânica. O segundo motivo é que a limpeza que foi tão demorada no caso de Felício, realizada na tenda umbandista, foi realizada nesses nove espíritos em nosso posto de socorro em apenas algumas horas, possibilitando a transferência para cá sem maiores danos à sua constituição espiritual. E a terceira razão é que os senhores da maldade já tratavam essas criaturas como refugos, sem nenhuma utilidade para seus projetos inferiores. Já nem ficavam mais com aqueles tubos de proteção que você pôde observar no corpo mental inferior de Felício, que lá está aprisionado.

— Aqueles tubos servem para quê?

— São uma tecnologia muito avançada dos senhores das sombras, cujo propósito é a aceleração da fragmentação do corpo mental em relação ao corpo físico, e, ao mesmo tempo, uma capa de proteção para eles próprios, porque nas condições semelhantes às de Felício a infestação de vírus nos cemitérios seria muito provável, prejudicando até mesmo os patrocinadores dessa maldade.

— Compreendi! Permita-me uma curiosidade, Cornelius. Por que Zenon nos pareceu tão pacífico. Acreditei que a entrada naquele lugar seria um palco de violências.

— Zenon é um negociante acostumado a esse tipo de presunções no diálogo. Já é um velho conhecido de nossas frentes de trabalho. Vez por outra, ele vem pessoalmente ao hospital propor negócios e trocas ou em busca de notícias.

— Que tipo de comportamento estranho!

— Não estamos no céu das idealizações humanas, meu caro. Aqui, se existe uma expressão que mais se aproxima da realidade dos acontecimentos que cercam nossa rotina de trabalho, essa expressão é "inferno". No mundo físico, mesmo aqueles que já foram abençoados com os conhecimentos do Espiritismo ainda mentalizam um plano espiritual muito distante da verdade do que aqui acontece.

— Eu digo por mim. Passei a vida estudando Espiritismo, e aqui me deparo, todos os dias, com as mais inusitadas surpresas e novidades com relação a quase tudo.

Enquanto conversava descontraidamente com Cornelius, observei que em lugares distintos da ampla sala Pai Bené e Antonino se movimentavam, como se conhecessem muito bem aquele lugar. Traziam nas mãos uma prancheta, que consultavam cada vez que chegavam diante de alguma incubadora. Minha curiosidade despontou nessa hora e indaguei ao benfeitor querido:

— Cornelius, parece-me que os médiuns Pai Bené e Antonino conhecem bem este lugar.

— Sim, conhecem mesmo. Ambos guardam largos compromissos com essa ala do hospital. Pai Bené, em verdade, orientado por Pai João de Angola, antes mesmo de regressar ao corpo, já era um coordenador desta ala e continua como responsável por muitas funções, mesmo reencarnado. E Antonino conhece bem este lugar porque já foi socorrido aqui em tempos idos, por longos períodos de tratamento, assumindo, depois, as tarefas cooperativas nesta ala antes de seu regresso ao corpo.

— Pai Bené, um umbandista, como coordenador de ala no Hospital Esperança? – manifestei intrigado com o fato.

— Onde a surpresa, meu irmão?

— Para mim não é surpresa, mas não deixa de ser um assunto intrigante. E me pergunto: se um dia puder levar essa notícia aos irmãos espíritas na Terra, será que vão acreditar?

— Esta é a casa do Cristo. O que determina a condição de cada um aqui dentro é a expressão do amor individual à vida e à dor alheia. A religião aqui é um instrumento de cultura e devoção individual.

— Confesso minha admiração por tão grande responsabilidade de ambos os médiuns! Que maravilha! Quando olhava para Antonino na sua rotina diária, especialmente nesse momento de lutas interiores que ele vem enfrentando, não supunha esta capacidade de doação.

— Você destacou algo muito valoroso, meu caro José Mário. Pai Bené e Antonino fazem parte de um grupo de médiuns muito escassos. Embora não sejam almas prontas, estão sempre de prontidão. Fazem parte do grupo daqueles que, mesmo precisando de tanto amparo e socorro, não medem esforços para se doar ao bem dos outros. São dois médiuns simples, despretensiosos e que carregam uma enorme disposição de servir, algo considerado um dos caminhos mais promissores para o amor por nossos benfeitores superiores.

— Prontidão! – exclamei pensativo.

— Muitos médiuns querem estar prontos apenas cumprindo uma lista de cuidados que o esclarecimento espiritual lhes orienta. Não comem carne, cuidam da oração, guardam certo nível de disciplina, vigiam os pensamentos, frequentam reuniões, mas poucos são os que se comprometem em criar o bem alheio usando de seus recursos mediúnicos em quaisquer contextos em que são chamados. Existe uma enorme diferença entre médiuns disciplinados e médiuns servidores.

A disciplina é um caminho de aprimoramento que pode nos turvar a visão a ponto de supormos que bastam os rigores dos sacrifícios no dia das tarefas para ser um médium com Jesus. Esses são os discípulos.

O médium servidor faz de sua vida um louvor ao desempenho de suas faculdades mediúnicas. Esses são os apóstolos.

Evidentemente, tudo obedece ao estágio de aprendizado e consciência. Contamos, igualmente, com os recursos oferecidos por aqueles que adotam a conduta da disciplina e da boa vontade nas atividades da mediunidade, todavia, os trabalhos específicos que essa hora de transição e tumulto no planeta solicitam, em socorro às dores e na intervenção de amparo para o bem, exigem mais que disciplina dos trabalhadores da mediunidade.

A cultura da disciplina mediúnica aplicada de forma muito racional pode gerar o comportamento de acomodação, impedindo a expansão da experiência do intercâmbio livre e investigativo sobre as realidades da vida imortal.

São muito louváveis as reuniões de conforto e esclarecimentos aos desencarnados que tombaram no além-túmulo em crises de dor ou desorientação, entretanto, espíritos como esses aqui alojados, em nome do amor, nas incubadoras do hospital, poderiam ter recuperação muito mais rápida e eficaz se médiuns corajosos se dispusessem a ceder sua organização física para incorporações mais profundas e espontâneas, nas quais o socorro em favor desse tipo de padecimento seria amplamente satisfatório.

— Que espécie de tratamento seria indicado por meio desses choques anímicos, Cornelius?

— Em relação a muitos encarnados, obsediados por estas entidades infestadas pelas criações do bioterrorismo de cientistas das trevas, a incorporação em médiuns auxilia no saneamento. Muitos desses serviços se tornam rotinas, tais como expurgos de larvas, dosagens de forças assépticas, limpezas de matérias tóxicas da culpa, asseio de feridas purulentas, drenos energéticos de campos de energia de magia, quebra de estados mentais de fixação em circuitos viciosos, desintoxicação decorrente de vícios tratada por sucedâneos calmantes, entre outras várias iniciativas. São muitas as medidas de valor incomparável e decisivas na recuperação de quadros especialíssimos.

Temos colhido excelentes resultados nos casos de ovoides que passaram por cirurgias cuja cicatrização e desinfecção ocorrem em apenas algumas horas após o contato com o magnetismo do corpo do médium. Em casos de rapto de corpos, como o de Felício, contamos com recursos promissores de assepsia e revigoramento, como você pôde presenciar na tenda umbandista. São muitas as possibilidades de socorro, porém, o que mais se destaca nesse tipo de intervenção mediúnica são as tarefas socorristas de recomposição aos vibriões.

— Vibriões?

— São espíritos demasiadamente comprometidos com as culpas, por séculos e séculos na execução de crimes hediondos. Criaturas exploradas pelos senhores da perversidade para a criação de ambientes doentios. São chamados vibriões em razão de seu imenso poder viral e bacteriano infestador. Onde são alojados dissipam um extenso manto vibratório doentio na criação de psicosferas insalubres e hipnóticas, que facilitam a presença dos senhores perversos na mente e nas atitudes humanas. Condutas humanas de tristeza e anseio de domínio sofrem suas influências facilmente.

Não apresentam a menor condição de reencarnação em razão dos moldes perispirituais desorganizados e do desalinho mental profundo, que alteraram as matrizes evolutivas do corpo mental inferior. Precisam, por isso, de longos estágios nas incubadoras de hibernação no Hospital Esperança, com propósito de reaverem os moldes mentais que foram deteriorados. Atualmente, temos casos de internação que ultrapassam muitos anos para a recuperação de apenas dedos, braços e pequenas partes da anatomia dos órgãos no perispírito.

Quando resgatados, são colocados nas incubadoras que, de alguma forma, reproduzem o ambiente de baixa temperatura e ausência quase total de luz a que se acostumaram. A luz vermelha de baixa luminosidade é a que predomina na ala onde eles se encontram internados.

Vibriões ou vermes humanos, como são denominados nos vales da maldade, são espíritos que perderam a forma perispiritual e mental, tornando-se similares a larvas gigantes, que em quase nada recordam os seres humanos.

Na maioria dos casos, não reencarnam há centenas de anos e estão desconectados das sensações típicas dos humanos. Não têm fome, sede, tato, olfato, visão e audição. No entanto, ao contato com o corpo físico dos médiuns, conseguem, por alguns minutos, recobrar parcialmente tais sentidos. É possível perceber, em alguns casos, quando em incorporação mediúnica, que sentem necessidade de água para se alimentar.

O contato mediúnico também lhes serve para resgatar o desejo de recompor sua organização física. É assim que podemos ter a alegria de vê-los, enquanto na comunicação mediúnica, encantados com os dedos emprestados, com o cheiro do ambiente ou com a temperatura dos corpos, conquanto muitos deles não guardem sequer o entendimento do que está acontecendo, por estarem em completa inconsciência.

São mantidos em cemitérios de gavetas nas regiões suburbanas da Cidade do Poder, por isso o nome Vale do Poder, locais ao redor da rede urbana e adequados para que não sejam visitados, prisões infelizes da dor.

Os vibriões são espíritos muito comprometidos com a barbárie do poder e são usados pelos senhores da perversidade como motores de sustentação vibratória para alimentar os sentimentos humanos envolvidos na teia do poderio.

Quando alojados em ambientes de disputa e ilusão, seu tônus mental cria um circuito hipnótico em ondas de longo alcance. Funcionam como máquinas produtoras de ambientes tóxicos. Alimentam-se da energia radiante da posse e emitem um campo em ressonância que adoece emocionalmente grupos e contamina ambientes.

Já os encontramos em resgates em fóruns de justiça, centros da política, grupos guerrilheiros, organizações fundamentalistas, mansões de gananciosos, instituições de militarismo, entidades religiosas que visam ao lucro, empresas com fins espúrios de lavagem de propriedades ilícitas, hospitais psiquiátricos, penitenciárias e lugares que acolhem o mal e a ilicitude como forma de vida.

O seu magnetismo estimula sonhos e desejos de controle, levando homens e mulheres, fascinados pelo orgulho e personalismo, à condição de visionários incontidos que trilham os atalhos da arrogância, da vaidade dissimulada e da atitude de monopolização, conduzindo as esferas coletivas em que atuam a destinos perigosos, que guardam afinidade com os propósitos inferiores das falanges do domínio e da hegemonia na erraticidade.

Os locais onde haja focos de domínio e desejo de vantagens ilícitas são os mais visados pelos adversários do bem, que alojam os vibriões na sustentação de padrões tóxicos que corroboram para os seus planos nefandos. Infelizmente, até mesmo algumas instituições doutrinárias do Espiritismo têm sido alvo desses ataques. A mesma tática usada contra o catolicismo e que lhe custou a ruína dos princípios de educação espiritual da Igreja.

— Até centros espíritas?!

— Você terá a chance de ver de perto essas situações em nossas atividades socorristas.

— Meu Deus! E os vibriões são explorados da mesma forma que os ovoides?

— De forma bem parecida. Os ovoides são mais comuns em casos de obsessão complexa, que gera doenças severas em uma pessoa em particular. Já os vibriões são predadores inconscientes, explorados para arruinar coletividades.

— Quer dizer que podem ser amparados por meio da incorporação mediúnica?

— Em verdade, poucos são os médiuns em condições de assumir a desconfortável tarefa de ímãs higienizadores, catalisando tais espíritos para os processos abençoados da recuperação por meio da mediunidade iluminada e livre.

Somente médiuns com saúde física e mental em relativa harmonia podem experimentar semelhantes atividades, em razão dos riscos de desequilíbrio energético.

Quase sempre, após essas tarefas de socorro aos cemitérios, os vibriões permanecem por algumas semanas no Posto de Socorro para esses contatos preliminares. Os grupos doutrinários que têm se apresentado para esse trabalho alteram, sobremaneira, o psiquismo coletivo de suas realizações durante essa etapa. Eis o imperativo do exercício seguro e consciente das tarefas de intercâmbio que geram parcerias amenizadoras em favor, também, dos que se encontram em serviço no plano físico. Sem consciência de semelhantes processos, somente muito esporadicamente poderemos nos lançar a esse gênero de ação envolvendo os encarnados.

O universo é amor em expansão. Em todo lugar vige essa lei. Hoje, podemos nos alegrar em presenciar a recuperação total de alguns desses corações, voltando a reconquistar sua integridade graças ao socorro do bem aos locais que se transformaram em antros de trevas. Somente descendo aos "infernos" construiremos na Terra o reinado da paz.

O socorro espiritual em reuniões mediúnicas para limpeza do submundo não significa apenas conversão do pensamento de chefes de falanges ou líderes radicais da maldade. Precisamos muito mais de bondade e desprendimento dos grupos mediúnicos para serviços atípicos do que uma arquitetura verbal vibrante para doutrinar supostos inimigos. É um serviço desafiador de saneamento e higienização do planeta.

Alguns vibriões, quando as possibilidades permitem, têm estreito contato com o corpo físico, em pequenos espaços de tempo, em gestações frustradas com fins de reajustar órgãos da forma perispiritual, guardando inconsciência total relativamente a essas ocorrências. Após esses pequenos estágios, muitos deles têm como destino a deportação interplanetária, tamanha a condição de culpabilidade e maldade que ainda asilam em seus corações. Contudo, até para serem exilados para outros mundos, são necessários reajustes imprescindíveis de sua organização espiritual. Tudo exige muito preparo.

— E sobre o nível de consciência dos vibriões, pode me dar mais informações?

— Quanto mais motivos tem o espírito para querer esquecer o que fez, mais perde o contato com a vida consciente. E quanto menos consciência, menos sentimento, menos humanidade. Muitos deles retrogradam mentalmente aos experimentos evolutivos mais primários. Chamamos isso de cisão de reinos[2], um dos caminhos para a ovoidização do perispírito.

---

2 No livro *Escutando sentimentos*, a autora espiritual Ermance Dufaux faz um estudo sobre Cisão de Reinos, nos capítulos 6 e 7. Editora Dufaux.

Os vibriões voltam em faixas mentais similares às de milhões de anos atrás, quando a vida psíquica das criaturas estagiava nos reinos da animalidade, prestes a conquistar o pensamento contínuo. Não guardam a menor capacidade de controlar sua vida interior, querem dormir indefinidamente. Rejeitam o reino hominal em razão da dor consciencial. Não têm vontade própria e vibram em complexos circuitos de culpas adquiridas em crimes lamentáveis executados em múltiplas existências passadas. Desejaram, ardentemente, deixar de existir durante séculos, enquanto ainda tinham consciência de sua realidade e na medida em que o sentimento de culpa tomava sua consciência. Cometeram inúmeros autocídios em razão disso. Permanecem em estado mental de completa incapacidade perante a vida. Desconhecem sensações e emoções físicas há milênios. Passaram pelo estágio denominado de escórias, espíritos inúteis, segundo a conceituação destes ambientes adoecidos, e foram totalmente abandonados com várias partes de seu perispírito mutiladas, até chegarem aonde chegaram. Não existem palavras na linguagem humana para definir a natureza dos sentimentos que irradiam no automatismo de seu estado espiritual. Todo o mecanismo fisiológico e da fala foi comprometido, e vivem em baixíssimas temperaturas, que são o reflexo da inércia em que se acomodaram há longo tempo.

Como asseveraram os Guias da Verdade a Allan Kardec, a respeito do sofrimento dos espíritos maus:

"Não há descrição possível das torturas morais que constituem a punição de certos crimes. Mesmo o que as sofre teria dificuldade em vos dar delas uma ideia. Indubitavelmente, porém, a mais horrível consiste em pensarem que estão condenados sem remissão."

São criaturas que necessitam muito do amor incondicional. Para os comandantes da insanidade, são cobaias do bioterrorismo; para os que amam, são súplicas de amor incondicional na construção do bem.

Por fazerem parte da teia das dores terrenas, não haverá remissão no planeta sem trabalho ativo por essa esfera humana no astral.

Um novo conceito de educação mediúnica

"Uma reunião é um ser coletivo, cujas qualidades e propriedades são a resultante das de seus membros e formam como que um feixe. Ora, este feixe tanto mais força terá, quanto mais homogêneo for."

O livro dos médiuns, capítulo 29, item 331.

7

— Em um trabalho mediúnico tradicional, dentro dos padrões de segurança mediúnica, seria possível socorrer esse tipo de entidade?

— Sempre há o que ser feito, caro irmão. Devemos respeitar as condições de cada grupo naquilo que podem oferecer de melhor. Todavia, seria imprudente e desastroso pedir a um enfermeiro devotado que faça a cirurgia no lugar do médico, quando ele estiver ausente. A devoção, nesse caso, não supre o preparo.

— Estamos falando de graus de capacitação?

— Estamos falando de grau de consciência e resistência mental. Cada grupo e cada médium está habilitado a lidar com certo nível de oscilações mentais diante das suas vivências mediúnicas e, a rigor, essa condição é condicionada ao seu grau de consciência a respeito de si mesmo e da realidade do que se lhe apresenta no mundo espiritual. Ninguém ultrapassa essa fronteira sem prejuízo a si mesmo, caso não esteja devidamente apto ao desafio. Entidades como essas nove que trouxemos dos cemitérios, se forem levadas ao ambiente de uma reunião nos moldes de segurança-padrão, poderão, sim, obter algum benefício, entretanto o bom senso dos condutores espirituais deste grupo só permitirá a ação dos médiuns na justa medida de suas reais possibilidades, respeitando o que cada equipe pode oferecer.

— E tem sido fácil encontrar grupos para esse tipo de atividade?

— Esse é o grande desafio, meu caro irmão. Expressiva parcela de grupos mediúnicos se fechou para a experimentação. Nas últimas décadas, desde o surgimento de uma cultura espírita mais difundida a respeito das obras mediúnicas de conteúdo expressivo, desenvolveu-se uma tendência, que cada dia ganha mais adesões, de preparo e uniformização do exercício da mediunidade.

A cautela, um dos itens desse preparo, sem dúvida, é muito bem-vinda em assuntos da mediunidade, todavia, como em tudo, nós pecamos pelo excesso, e o que hoje se observa é que a cautela se transformou em legítimos padrões de censura que validam ou invalidam os serviços da mediunidade. Compreendeu?

— Eu acredito que sim.

Prestava a maior atenção nas instruções de Cornelius, quando fomos colhidos por um vozerio alto. Nós dois olhamos ao mesmo tempo para trás e vimos uma cena corriqueira. Havia chegado o doutor Inácio Ferreira gracejando com os enfermeiros. Ao avistar a mim e a Cornelius, veio em nossa direção e foi logo dizendo:

— Parece que vocês dois estão decidindo o futuro do universo. Que fisionomia é essa? Assunto sério?

— Sério demais, doutor Inácio! – arrisquei na resposta.

— Tão sério, doutor, que sua opinião é muito bem-vinda para adocicar nossas considerações! – expressou Cornelius, muito acolhedor e também com bom humor.

— E falam de quê? – perguntou doutor Inácio.

— Mediunidade e os desafios dos médiuns, nos dias atuais, diante de tanta censura.

— Ah, isso não é assunto sério! É assunto para internação mesmo! A loucura está quase generalizada nesse tema – expressou com seu típico bom humor e sinceridade.

— Falávamos, doutor, sobre a importância da abertura dos grupos mediúnicos na esfera física para manifestações fora dos conhecidos padrões de segurança – acrescentou Cornelius.

O cuidado excessivo dos núcleos doutrinários com o exercício da mediunidade acarretou um processo histórico de bloqueio. Muitos grupos mediúnicos deixaram morrer a fé do povo.

Por conta do crescente número de pessoas que buscavam o alento e a solução mágica de seus problemas sem desejar a árdua tarefa da educação nas antigas reuniões públicas da mediunidade, criou-se uma cultura de restringir o acesso do povo ao contato com os espíritos, a pretexto de cautela contra os abusos. Boa parte dos grupos adotou reuniões intituladas fechadas e proibiu as manifestações públicas.

Hoje temos um número elevado de médiuns educados nas suas faculdades, mas poucos afeiçoados aos serviços mais onerosos ou de contato com a dor do povo. Hoje temos médiuns com muita disciplina e estudo e raros com espontaneidade e desejo de servir incondicionalmente, rompendo com os padrões no intuito de iluminar e aliviar dores. Médiuns que mentalizam e nem sempre se relacionam por intermédio do trabalho mediúnico. Médiuns prontos para atuar dentro de padrões e inseguros para navegar os mares de novas experiências no uso de técnicas, métodos de trabalho e novas vivências. Muito mentalismo e escassez de atitude amorosa. Muita oração, pouca renovação.

E o resultado é esse: quando surgem os corajosos, dispostos a realizar algo além dos limites, quase sempre são desanimados a prosseguir, em razão de regras que subtraem a espontaneidade e terminam por estimular a descrença em suas qualidades mediúnicas.

É notório o sofrimento de muitos médiuns fora do padrão que são considerados excêntricos, criticados severamente pela comunidade que adota as "normas oficiais" de serviço com Jesus.

Uma simples lâmpada colorida colocada na cabine de passes é suficiente para gerar anos de críticas e antifraternidade, conflito de opiniões e desgaste.

A questão da mediunidade de parceria, a coragem de romper com barreiras para servir e colocar a mediunidade como alimento social ainda é para poucos. Sem dúvida, somos todos a favor de uma mediunidade educada, mas que gere saneamento e lucidez nos ambientes comunitários.

O senhor sabe bem do que estou falando, não é mesmo, doutor Inácio?

— Ah, como sei! Quando estava na vida física, já era criticado pela minha visão de mediunidade, com as experiências que tive, com Modesta, no Sanatório Espírita de Uberaba.

Hoje, podemos afirmar que temos um problema de ordem coletiva nesse assunto. Eu, particularmente, não acredito que o problema seja o formato das reuniões, mas as características do médium. Que as chamadas reuniões de preparo e orientação para quem se encontra nos primeiros anos da atividade mediúnica são muito válidas, disso eu não tenho dúvida. Médium sem preparo é dor de cabeça na certa. Eu acredito muito no valor da educação mediúnica disciplinada e afetuosa.

A questão é que alguns médiuns jamais se adequarão a esse contexto, principalmente os que renasceram com traços psíquicos mais adoecidos e solicitam remédio mais potencializado.

Veja ali atrás – e apontou na direção de Pai Bené e Antonino – dois desses casos que são mais comuns do que imaginamos nas casas espíritas. O que seria deles, mentalmente falando, se não se entregassem aos serviços especializados a que se vincularam? O que seria de Pai Bené, se não se ajustasse às atividades espontâneas da umbanda? O que seria de Antonino, se não tivesse passado por grupos espíritas dispostos a novos aprendizados que ultrapassam os rigores da educação mediúnica básica?

Ambos se afeiçoaram ao trabalho de disciplina de suas faculdades nas reuniões de educação mediúnica. Educação mediúnica é necessária e urgente. A questão é: dar remédio de dor de cabeça para quem tem um tumor no cérebro é um atentado ao bom senso.

As necessidades de muitos médiuns vão além da esfera da mera disciplina das faculdades.

Em razão dessa cautela excessiva que você mencionou, Cornelius, muitos grupos na comunidade espírita partiram para o outro extremo, recordando o tempo de Moisés, quando o contato com os mortos foi proibido ou, pelo menos, reduzido a proporções que limitam severamente o alcance da realidade que cerca o homem na vida corporal.

Hoje, quando escrevo pela psicografia sobre temas comuns do lado de cá da nossa esfera, mesmo os espíritas mais convictos exasperam-se e me chamam de louco e, se pudessem, apedrejariam o médium com o qual trabalho.

Se bem que nesse aspecto, no que diz respeito a mim, eles têm até razão. Bom da cabeça eu nunca fui! – e, como de costume, o doutor Inácio nos fez sorrir.

— Eu mesmo, doutor, fui totalmente moldado em um grupo com componentes bem densos em termos de educação mediúnica, e ergui essa bandeira com total comprometimento. Hoje estou revendo e ampliando meus conceitos aqui no mundo espiritual. Tenho, nesse sentido, uma dúvida. O senhor pode me esclarecer?

— Esclarecer eu não sei, José Mário, porém, com certeza, como bom mineiro que continuo sendo, terei um parpite – brincou com sua fala descontraída.

— O senhor acha, com sinceridade, que deveríamos voltar ao tempo da mediunidade pública e mais espontânea?

— Nem tanto, meu caro amigo. Mediunidade pública é para poucos. Entretanto, fica clara a necessidade de rever métodos e conceitos que tomaram conta de muitas atividades.

Infelizmente, a educação mediúnica foi analisada pelo movimento espírita como coroamento de uma etapa, como se o máximo a atingir em assuntos da mediunidade fosse dominar faculdades. Contudo, o nosso foco na conversa é outro.

Educação mediúnica é apenas uma fase básica para se lançar a tarefas mais profundas com segurança. É uma referência de segurança, uma referência para ser seguida, e não para a ela se escravizar. É uma referência que demarca um limite da sensatez. Apenas isso.

A mente mediúnica educada adquire ampla resistência mental, capacidade de neutralizar reflexos e muito discernimento, elementos que funcionam como legítimo escudo defensivo da alma. Essa condição lhe permite e capacita a fazer experiências novas que, muitas vezes, contrariam os padrões de trabalhos em que se perderam os objetivos nobres da tarefa.

— Houve, então, um engessamento na atividade mediúnica?

— É o que as trevas mais desejam.

— Foi um trabalho das trevas?

— As trevas só assopraram a brasa incandescente do preconceito que já existia na cabeça inchada de conhecimentos de muitos espíritas.

— O senhor acredita, então, que os médiuns perderam a espontaneidade?

— Muitos deles estão travados, essa seria a expressão correta.

— Pode exemplificar o assunto, doutor?

— Quando os médiuns veem realidades que fogem ao conhecimento ou aos parâmetros do conhecimento comum, logo os dirigentes afirmam que sua sintonia não está afinada. Se percebem seres como estes que estão aqui internados nas câmaras, logo são solicitados a se desligar do quadro, porque, segundo os dirigentes que também se contaminaram com essa visão estagnante, é um trabalho que a espiritualidade é que tem de fazer. Quando são naturais na forma de expressar a entidade, com seus trejeitos de autenticidade, são orientados a podar os excessos. Se têm uma percepção de espíritos fora da reunião mediúnica, são esclarecidos a vigiar as interferências. Quando manifestam seus guias com naturalidade, na voz e nos gestos, são alertados de que não há necessidade disso e que precisam se controlar. É muita poda!

Sem dúvida alguma, para aqueles que estão em exercício nas fases iniciais, tais medidas se constituem um treino necessário. Todavia, adotar tais normas de educação como definitivas e para todos os contextos é um exagero. Mas o pior não é isso.

— E o que é pior, doutor Inácio?

— Se tudo isso fosse apenas exercício para alguns anos de mediunidade, tudo bem. É necessário. O pior é que, além de podados a título de educação mediúnica, são desacreditados. Recebem uma enorme carga de energia de desconfiança do próprio grupo, o que os faz se sentir incapazes a ponto de muitos desistirem.

— Ai, doutor Inácio, ai, ai, ai!

— Que foi, José Mário? Dor de consciência?

— Acho que sim, doutor. Apesar de atencioso, fui muito rígido com os médiuns que orientei. Sinceramente me sinto um tanto culpado pela semeadura que deixei.

— Meu caro, cada um dá o que tem. Fico muito feliz em conhecer pessoas como você, com toda essa abertura mental para rever conceitos aqui no mundo espiritual. Inclusive, eu o convido para conhecer os médiuns e dirigentes que estão na ala sob minha supervisão, para que você tenha uma noção de como isso ainda é difícil para muitos religiosos, mesmo aqui na vida espiritual.

— Convite aceito, doutor!

— De mais a mais, você não pode ser tão rigoroso com sua semeadura. Afinal de contas, os médiuns também respondem por seus desafios. Veja o caso de Antonino. Ele não foi educado na mediunidade por suas orientações quando na vida física?

— É verdade, doutor Inácio. Tem toda a razão!

— Precisamos incentivar uma reciclagem no conceito de educação mediúnica no mundo físico.

— Em sua visão, o que seria prioritário divulgar sobre esse assunto?

— Dois pontos: que a espontaneidade não exclui o conteúdo, a qualidade das comunicações. E que o objetivo da educação mediúnica não é apenas disciplinar a faculdade, mas, sobretudo, preparar o médium para o estado mental de disponibilidade psíquica, que permita uma relação mais natural, intensa e real com o mundo extrafísico.

Médium não é apenas aquele que percebe, isso é fazer psiquismo. O médium educado com Jesus é aquele que percebe e sabe o que fazer com o que percebe. Como adquirir essa condição sem experimentar? Como saber o que se passa em volta, na esfera do coração de um desencarnado, sem conhecer profundamente o universo de si mesmo?

Rever educação mediúnica significa rever, portanto, o nível dos laços afetivos entre os elementos do grupo, para que isso permita aos médiuns confiança, disposição, motivação com suas faculdades e a desejável naturalidade na relação com os espíritos. Quem sente no grupo encarnado a alegria de conviver, sentirá com facilidade a família de afetos espirituais que são a extensão dessa festa de alegria, gerando a naturalidade na relação mediúnica.

Sem esse afeto, a espontaneidade pode ser obstruída. Sem esse afeto, possivelmente, a autenticidade mediúnica sofrerá um largo reducionismo.

Para muitos grupos, a visão de mediunidade está restrita a socorro aos desencarnados. Um grupo que deseja avançar necessita ampliar o entendimento e perceber mediunidade como canal de interação entre as diferentes esferas vibratórias de vida, celebrando a alegria e a cooperação, a convivência e o aprimoramento.

A dúvida é uma atitude muito saudável para todo médium que deseja melhor servir e aprimorar seu trabalho. Entretanto, quando os grupos não se amam mutuamente, a dúvida pode caminhar para a desconfiança e o descrédito, desmotivando os médiuns e criando conflitos insuperáveis.

— Que linda visão, doutor Inácio!

— Não é ideia minha. Isso é o que é a mediunidade! Eu não criei nada disso, apenas misturei as palavras e deu nisso – e, mais uma vez, ele espalhou seu humor entre nós.

— Doutor, o senhor falou em mediunidade pública. Como entender esse conceito?

— Contato do povo conosco. Permitir que os homens acessem o mundo espiritual. Que haja socorro para espíritos, mas, igualmente, para os homens.

— E sem reservas de espécie alguma? Não seria expor demais uma tarefa que exige preparo?

— Alguns cuidados são bem-vindos. Por exemplo, a reunião de desobsessão, ou aquela que envolva algum recurso para os desafetos espirituais das pessoas, preferencialmente, na maioria dos casos, é recomendável que seja feita com mais reserva. Afora isso, não tenho nenhuma ponderação a mais sobre o assunto. E o próprio Jesus, com recursos que nós ainda não possuímos, dotado de uma claridividência incomparável, até esse gênero de tarefa realizou em público.

E como quem passa como um corisco, lá foi o doutor Inácio andando em direção aos seus afazeres, espirituoso com cada pessoa no seu caminho.

Ficamos eu e Cornelius na continuidade do assunto. E ele exclamou:

— Doutor Inácio sabe o que fala!

— Eu não vejo a hora de poder visitar a ala dos médiuns sob a tutela dele.

— Será muito valoroso, José Mário. O adoecimento do psiquismo mediúnico, sem dúvida, é uma tragédia moral.

— Os médiuns podem adoecer, também, em razão desse processo mais rígido de educação mediúnica? Foi isso que o doutor Inácio insinuou?

— Existe uma enorme chance de que isso aconteça, em alguns casos.

— Como?

— Em muitos grupos espíritas, verificamos que o exercício da mediunidade nos moldes mais rígidos da educação mediúnica está muito mental, muito psíquico, e acaba criando, para muitos médiuns, uma conexão com o mundo extrafísico excessivamente moldada por modelos de interpretação, impedindo uma visão mais elástica, mais ajustada à realidade e, portanto, mais autêntica em relação ao mundo espiritual.

— E essa forma de trabalhar traz efeitos nocivos ao psiquismo mediúnico?

— Em sua visita à ala sob os cuidados de doutor Inácio, você constatará, em razão desse processo, como muitos médiuns da seara estão chegando aqui.

— O que lhes acontece?

— Esse treino, quando acentuadamente mental, costuma distanciar muitos médiuns e até grupos inteiros dos seus sentimentos. Quando existe rigidez, a prática mediúnica fica muito racional, cartesiana. E a adoção de modelos conduz o raciocínio para algo do tipo isso é isso, aquilo é aquilo, criando a generalização em assuntos que são individuais e sempre muito diferenciados nos seus respectivos contextos. Muita exatidão e pouco compromisso com a verdade. Quem modela interpretações cria juízos fechados a respeito do que percebe no seu mundo sensório. Naturalmente, em razão desse comportamento, também fora das atividades mediúnicas, os trabalhadores passarão a exercer as mesmas avaliações a respeito de suas sensações, deslocando o exame da realidade espiritual para um patamar de excessos místicos, de pouco bom senso e condicionados a filtragens reducionistas. É o que faz com que vejam os espíritos onde não estão, e não os enxerguem ou sintam-nos onde estão. Compreendeu, José Mário?

— Sinceramente, não sei se compreendi, mas, enquanto você falava, Cornelius, eu me recordei daquele episódio em que Kardec foi a uma ópera com um médium, e pesquisava o ambiente ali reinante. Rico de espontaneidade, tanto o médium quanto o codificador, fizeram avaliações do ambiente espiritual com fidelidade e de forma natural, a título de experimentação e aprendizado.[1]

— Espontaneidade e coragem de experimentar! O maior risco de problemas psíquicos nesse método de educação mais rigoroso, cheio de podas e com clima de desconfiança, é o adoecimento psíquico de alguns médiuns que não utilizam seu potencial de energias afetivas em conexão com o seu mental. Isso cria uma espécie de dissociação. E mediunidade, ao contrário, tem como

---

1 *O livro dos médiuns*, capítulo 14, itens 169 e 170.

propósito divino a integração das forças latentes do ser espiritual em sua alma profunda. Raciocínio e coração juntos. Disciplina e amor em expansão.

Como alcançar esse estágio tão desejado de disponibilidade psíquica a que nos referimos sem o cultivo da espontaneidade nas chamadas reuniões de educação mediúnica? E como ser espontâneo em grupos nos quais não se desenvolvam o afeto e a convivência fraterna?

Essas reuniões atendem perfeitamente às necessidades de muitos médiuns, contudo, medianeiros como Antonino e Pai Bené, depois de adestrarem o básico na disciplina mediúnica por longos anos, se não forem lançados a serviços especializados, de conformidade com suas características, podem sofrer danos psíquicos e afetivos graves. Eles receberam a mediunidade como medicação libertadora para suas almas e necessitam colocá-la em expansão para esse fim.

A dinâmica mental de certas reuniões não metabolizam o quantum energético desses médiuns devido ao bloqueio imposto à expressão emocional. Tudo se torna muito racional, imaginário. Muito critério que não se encaixa com a realidade do mundo astral. Falta, mesmo, o uso corajoso da naturalidade.

— Será por essa razão que muitos médiuns espíritas se tornam umbandistas?

— É um dos principais motivos, caro irmão.

— Na umbanda se sentem mais à vontade?

— Sentem-se em casa, adequados às suas reais e mais profundas necessidades. Isso, porém, não é a regra geral. Existem, também, os médiuns que procuram outros ambientes ou tarefas porque não querem se submeter a disciplina alguma. No caso da umbanda, ainda bem que os próprios grupos umbandistas estão avançando exemplarmente no sentido de melhor preparar seus trabalhadores, não facilitando a adesão de pessoas que se encontram mais interessadas no fenômeno do que na educação de si mesmas. E fazem isso com o mérito de não abortarem a espontaneidade dos médiuns e dos espíritos que lá se comunicam.

— Seria a umbanda, então, um local mais apropriado para esse tipo de necessidade dos médiuns?

— Nada pode ser estabelecido como regra geral. O que a umbanda tem de melhor e que, em muitas reuniões mediúnicas espíritas deveria ser examinado com seriedade, é seu trabalho social com a mediunidade. Lá, o povo tem acesso aos espíritos e pode sentir o carinho e as expressões salutares da misericórdia divina. Isso tem sido algo transformador.

— Fica para mim, sobre este assunto, uma última dúvida – manifestei ao benfeitor, ciente de que o trabalho nos esperava a colaboração.

— Diga, José Mário.

— Onde o maior desafio? Na excessiva técnica desprovida de espontaneidade emocional ou no maior afeto nos grupos?

— Recordemos Kardec, meu caro:

"Uma reunião é um ser coletivo, cujas qualidades e propriedades são a resultante das de seus membros e formam como que um feixe. Ora, este feixe tanto mais força terá, quanto mais homogêneo for."

Necessitamos difundir um conceito de mediunidade de parceria no qual o médium assuma um papel mais ativo e participativo, e não a função de uma máquina dos espíritos, mas sim um cooperador, um aluno, um amigo, um parceiro colaborador.

Essa concepção sistêmica de mediunidade precisa ser revisada. Mediunidade é força sistêmica, interativa, e não apenas uma faculdade para exercício em laboratórios fechados em noventa minutos de reuniões nos grupos doutrinários.

Temos de unir esforços por práticas mais naturais, entretanto, qual será o caminho desses grupos espontâneos sem compromisso com uma vivência afetuosa, respeitosa com as diferenças?

Eu diria que hoje temos muito mais desafios a vencer com a construção do diálogo e da amizade salutar nos grupos do que com aplicação de métodos novos para melhores resultados mediúnicos.

Métodos só funcionam com relações construtivas e provedoras de entusiasmo.

Ainda assim, mesmo pensando desse jeito, a realidade é que cada conjunto de serviço em nome do Cristo dará o que pode, fará o que interessa e seguirá seu rumo conforme o nível de consciência de cada qual.

Ficou claro, meu irmão?

— Tão claro quanto a luz do dia, Cornelius.

Após as observações tão pertinentes do instrutor querido, regressei novamente à câmara onde estava Felício para orar em seu favor. Depois, retirei-me para refazer as energias pelo sono.

Antes de repousar, pensava na importância das tarefas socorristas pela mediunidade. A fala de doutor Inácio e seu convite para visitar sua ala não me saíam da mente. Relembrava velhas vivências mediúnicas no plano físico e o quanto sentia necessidade de rever meus conceitos. Adormeci entre sonhos inusitados e preenchedores.

Mediunidade de parceria: o acesso do povo aos espíritos

"Já vimos de quanta importância é a uniformidade de sentimentos, para a obtenção de bons resultados. Necessariamente, tanto mais difícil é obter-se essa uniformidade, quanto maior for o número. Nos agregados pouco numerosos, todos se conhecem melhor e há mais segurança quanto à eficácia dos elementos que para eles entram. O silêncio e o recolhimento são mais fáceis e tudo se passa como em família."

O livro dos médiuns, capítulo 29, item 335.

8

Na noite seguinte às atividades socorristas ao corpo mental de Felício, alojado nas furnas sombrias, chegava o instante de novas iniciativas. Fui destacado para integrar e cooperar na equipe de dona Modesta e Cornelius.

Eram dezenove horas quando chegamos ao Centro Espírita Servidores da Luz. Equipes diversas estavam a postos. Logo na entrada da agremiação, homens sérios e de voz grave, porém de energia salutar, cumprimentaram-nos com respeito. Eram os soldados exus. Caboclos paramentados a rigor, com trajes indígenas, cuidavam dos instrumentais de assepsia conjuntamente com técnicos em Botânica. Espíritos de pais velhos, entre eles Pai João de Angola, na simplicidade de sempre, conversavam sobre os casos das pessoas que vinham se socorrer na casa de orações no plano físico. Em um recipiente que ficava em um canto, uma luz branda, de cor vermelha, mantinha as salamandras adormecidas, elementais do fogo que sempre são usados em tarefas desse gênero. Minha curiosidade quase me deteve a contemplá-las ali inertes e, a um só tempo, tão poderosas pela energia que emitiam.

Após algumas providências, dona Modesta se separou de nós e se deslocou ao astral com parte da equipe dos indígenas. Cornelius, que coordenava o nosso grupo, permaneceu no ambiente. Tudo era ordem e temperança em nosso plano, conquanto um número avantajado de trabalhadores e necessitados no ambiente.

No plano físico, Antonino e irmão Júlio, o presidente da casa, estavam realizando o atendimento fraterno conjuntamente com outros tarefeiros. Várias cabines muito bem dispostas e arejadas eram ocupadas, cada uma, por dois atendentes e um atendido. Era noite de reunião de tratamento espiritual. Embora a casa fosse pequena, havia intensa aglomeração de pessoas. A procura pelo alívio diante da dor, cada dia lotava mais aquela reduzida instância de amor e trabalho espiritual.

Entramos em uma das cabines acompanhando uma senhora de seus sessenta e cinco anos de idade. Ela se encontrava muito abatida, com um tônus vibratório depressivo e sem energia. Era portadora de uma psicosfera pesada, que muito me fez recordar as vibrações que senti nas câmaras dos vibriões no Hospital Esperança.

Pai João estava ao lado de Antonino, e irmão Júlio era amparado por outros benfeitores do bem.

Tão logo ela entrou, Antonino captou-lhe o clima espiritual e entrou na faixa do trabalho. Observei que foi estabelecida uma ponte de energias entre o abdômen da senhora e a testa do medianeiro, como se ele sugasse uma força dela. A cena recordava uma mangueira transparente na qual se podia ver a água passando ligeira, com a diferença de que ali tudo era em estado gasoso.

Não se passou um minuto do acontecido e, ao olhar novamente para ela, observei que uma capa de energias foi tirada de cima dela. A visão agora era outra. Antes era como se ela estivesse toda envolva em um véu tênue de cor de terra que nos impedia perceber detalhes de seus traços fisionômicos e perispirituais.

O diálogo começou entre Júlio e a mulher:

— Boa noite, minha irmã. Seja bem-vinda. Meu nome é Júlio.

— Obrigado ao senhor. Meu nome é Janice.

— O que a traz a nossa casa?

— Estou com um problema sério na família. Frequento outra casa espírita, mas ouvi falar das atividades de tratamento espiritual de vocês e resolvi consultá-los para receber amparo e orientação.

— O que acontece, minha irmã?

— Eu tenho um filho que é magistrado, e ele está em coma em um hospital no Rio de Janeiro.

Bastou que ela falasse essa frase, e a mente de Antonino, como se estivesse numa sensação vertiginosa, buscou todas as lembranças de episódios envolvendo suas atividades noturnas durante o sono físico.

— O nome dele é Felício. Ele se envolveu em terríveis atitudes com criminosos e adoeceu. Quando consegui dissuadi-lo de várias ações infelizes, ele tombou em coma profundo, e assim se encontra há algum tempo. Por minha vez, mesmo sendo espírita, encontro-me sem forças e sem orientação sobre como proceder diante da situação. Tenho recebido passes e conforto na casa abençoada que frequento, todavia, uma amiga querida, que também colabora nas tarefas, teve a intuição de que eu precisava procurar um lugar para realizar trabalhos mais específicos, e recebi a indicação de procurar este centro.

— E como a senhora está se sentindo? – indagou Júlio.

— Por incrível que pareça, desde que entrei nesta sala estou me sentindo tão bem como não me sinto há muito tempo. Parece que algo muito ruim foi tirado de mim.

— E o que a senhora espera?

— Que encontre forças para aceitar as provas e, se possível for, se assim permitir o Pai, que algo possa ser feito em favor de meu filho.

Tão logo ela se expressou, rompendo com todas as costumeiras recomendações e regras para as tarefas desse porte, que em muitos casos só servem para tolher a ação da misericórdia celeste, Antonino curvou-se na cadeira, colocou as mãos na cintura e, mediunizado, falou:

— E que *lorvado* seja *nossu sinhô* Jesus Cristo, *muzanfio*!

— Para sempre seja louvado! É Pai João que nos fala? – perguntou, com naturalidade, irmão Júlio.

— Sim, *muzanfio* é *nego véio* que *tá cá*. *Nego véio* abençoa todos *vosmecê, muzanfio*. *Nego véio tá* aqui *pra* dar um abraço de amor na *fía* Janice, em nome de Deus – e, levantando-se da cadeira, o médium incorporado por Pai João abraçou a mãe sofrida, que se desmanchou em lágrimas de dor. E segurando as mãos de Janice, disse:

— O seu *fío* doutor *tá* conosco, *muzanfia*. *Tá* numa cama muito *bonitada* e limpa para recuperar as forças. O *fío* ainda não acordou na matéria porque tudo tem de ser devagar, minha *fiinha* de Deus. Mas Deus parece que quer o *fío* doutor na Terra pra fazer o bem e limpar as dores dos desvalidos – Janice, sem dizer uma palavra, soluçava em prantos.

A *fia* vai precisar de *vim* aqui nesta casa de Deus para acompanhar de perto os recursos da bondade para o *fio*, e *alimpá* também sua casa, que *tá* infestada com as forças que atacaram a luz. É por isso que sente as dores no corpo e seu sono, *fia*, *tá* tão perturbado.

Foi a ajuda de dona Modesta e *EuripaBarsanulfo*. que fizeram a *fia* chegar aqui

— Ah, meu preto-velho abençoado, como tenho fé nestes dois! Eu tenho pedido tanto a dona Modesta, que também foi mãe, para me socorrer!

— A *fia* sabe disso. Ela já visitou muito sua casa e é ela que vai fazer a limpeza.

— Minha casa, então, está contaminada? Indagou Janice, já mais confortada e curiosa com tudo.

— Tem forças lá que só as *vassora* de Deus vão tirar...

Pai João ainda falou por mais alguns minutos, alterando completamente o clima da mãe em padecimento. Enquanto ele dialogava, técnicos de saneamento retiravam dela e de Antonino aquela energia fétida, usando aparelhagem especializada para tal fim. Após isso, Júlio retomou o diálogo fraterno.

— Espero que a irmã compreenda que não é comum, em nossa tarefa de diálogo fraterno, a manifestação mediúnica, entretanto, nada temos contra essa assistência quando nossos benfeitores a julgam necessária.

— Meu irmão, foi tão aliviante para mim que, se eu fosse embora agora, antes mesmo das vossas tarefas de tratamento da noite, já retornaria muito feliz pelo bem recebido. Estou aliviada, mais esperançosa e com desejo de cooperar com os amigos do além naquilo que for necessário ao caso do meu filho.

— Pois bem, então vou orientá-la para aguardar agora no salão de palestras até o instante em que for chamada ao atendimento nas nossas cabines de tratamento espiritual. Antes, porém, deixe o nome e endereço onde seu filho se encontra em nosso caderno de orações.

— E o senhor vai me orientar a respeito da limpeza que deve ser feita em meu lar?

— Certamente.

Ficaram apenas irmão Júlio e Antonino na sala. O médium começou um novo transe e disse ao dirigente:

— As salamandras estão sugando a energia dela em meu corpo. Abaixe a tonalidade da luz. Coloque luz vermelha no ambiente, Júlio.

— Você se sente bem, Antonino? – indagou Júlio, sempre cortês.

— Muito bem agora. Vejo Pai João coordenando os elementais que metabolizam a densa energia retirada da senhora. Sinto-me bem e agora estou em outra faixa de trabalho.

— O que você percebe?

— Percebo uma moça que sorri como se estivesse louca. Espere. Ela não está louca e está aqui no ambiente... Estou muito conectado com ela, parece que ela está, mesmo, aqui na casa... Ela está vestida com roupas muito estranhas, que recordam os hippies dos anos 1960. Eu a vejo aqui no salão. Você sabe, Júlio, se há alguém assim aqui na casa, com 25 anos de idade aproximadamente?

— Eu vou verificar. E se tiver, o que faço?

— Chame-a para cá agora.

Júlio foi até o salão, olhou discretamente e lá estava a moça que o médium descreveu.

Com muito tato no relacionamento, o dirigente a cumprimentou e perguntou se ela estava precisando de algo. A moça nem sequer conseguiu falar, entrou em colapso mental. Chorava convulsivamente. Júlio a pegou pelas mãos e a levou até a cabine. Antonino olhava para ela e parecia que estava longe, distante. De fato, ele estava em desdobramento, próximo ao corpo físico, analisando toda a situação espiritual da moça atormentada. E conectado com Pai João, sem incorporação mediúnica, começou a dizer:

— A vida na matéria, minha filha, é uma bênção. Abafa as dores que fora da matéria são capazes de nos enlouquecer. Se há dias na vida física em que a tristeza e a dor consomem o coração, nem queira imaginar como padeceria a vida mental sem a bênção do corpo. Não é a vida que pesa, não é a vida que é ruim, mas a forma como vivemos. O estado interior que nós próprios colhemos da plantação de ilusão que um dia optamos por semear. Tudo na Criação tem um destino certo: a perfeição, a melhora, o progresso. Se você está aqui, conquanto suas dores sejam intensas, é porque ainda tem uma réstia de fé em seu coração. E com esse pequenino grão, Deus permite que você inicie uma nova plantação. Essa dor na sua alma chama-se depressão, ou seja, o afastamento da sua luz pessoal. Depressão acontece quando perdemos nossa capacidade de conexão com as forças luminosas que se encontram dentro de cada um de nós. Você necessita tratar-se. Se houver espaço em seu coração para isso, esteja certa, você poderá se transformar em instrumento do bem em favor da paz e da alegria alheia, construindo, assim, sua própria sementeira de glórias durante sua existência. Compreende o que digo? – indagou Antonino

— Eu compreendo! – exclamou a moça, encantada. Mas eu apenas gostaria de saber o que acontece comigo.

— São velhas lutas do espírito. Além disso, você é médium, minha filha. Médium em expiação. Assim como eu, você tem uma tarefa perante a vida. Uma tarefa que lhe foi imposta para o bem. Para o seu bem e o de muitos. Um médium em expiação faz parte do grupo daqueles que não terão opção de escolha sobre como conduzir sua missão. Ela já está selada, projetada e aceita pelo volume de suas próprias necessidades espirituais. Médiuns em expiação recebem essa faculdade na condição de remédio salutar para desonerar a vida mental de muitas doenças que foram construídas por nosso comportamento em milênios. Para você entender bem, é como se você reencarnasse com uma receita e a medicação embutidas na sua mente. Entretanto, uma receita e uma medicação sem uso não alcançam sua finalidade, podem deteriorar.

— Tenho, então, uma missão?

— Sim.

— E qual é a minha missão?

— A principal tarefa de todo médium em expiação é curar suas próprias dores. E, para atingir esse fim, vai cooperar com o serviço mais urgente nas ações de regeneração do planeta, que é sanear, higienizar os contextos e as pessoas que a vida vai te entregar para o serviço árduo da alquimia energética, isto é, a transformação da sombra em luz, da doença em saúde. Você faz parte do grupo extenso dos médiuns saneadores. É como se tivéssemos a missão singela, mas significativa, de viver como faxineiros energéticos.

Você hoje, nessa condição, carrega em sua estrutura energética todo tipo de problemas dos locais de sua convivência. Podemos dizer que está carregando em si mesma a sombra de muitas pessoas e não sabe como se desonerar de tais pesos enfermiços. É uma esponja viva!

— Meu Deus, que medo!

— Não tema! Deus está do seu lado. É uma missão maravilhosa e não faltarão bênçãos em seu caminho.

— E o que devo fazer?

— Educar-se para aprender a se defender e trabalhar no bem. Vejo energias de doença em sua estrutura astral que não te pertencem. Você tem contato com pessoas que se encontram doentes?

— Sou enfermeira em um hospital público.

— Você tem uma colega de trabalho afastada por doença grave?

— Sim, eu a visitei ainda ontem. E de lá para cá estou completamente perturbada com a ideia de adoecer também.

— Eu vejo enorme porcentagem da dor dela em você.

— E o que devo fazer? Largar meu emprego?

— Isso não resolverá, mas algumas medidas você terá de tomar para aprender a se preservar dos ambientes e das auras pessoais que cercam sua existência. Você é uma "médium esponja", sua tarefa é transmutar contextos, dores e perturbações.

— Ai, meu Deus! Eu não pedi nada disso! Quem me trouxe essa tarefa?

— Você tem uma avó de nome Anita?

— Sim, mas ela já faleceu.

— Ela está aqui entre nós.

— Mesmo? – perguntou a moça, já emotiva.

— Sim. Ela me diz que partiu deste mundo com doença grave. Foi verdade?

— Ela morreu com o mesmo câncer da minha amiga.

— Pois bem! Ela me diz que você pode ajudar. Ela te protegerá sempre. Fique tranquila, volte ao salão, que durante os atendimentos de tratamento, ainda hoje, você terá o alívio restaurador.

Logo em seguida ao atendimento, Júlio e Antonino se deslocaram para o salão das macas, onde seriam realizados os tratamentos.

Passamos, então, para outra cabine. Eram as trabalhadoras Dulce e Melissa que atendiam. Presenciamos outro quadro bem diverso. Dulce mantinha-se em uma psicosfera de muita serenidade, enquanto Melissa apresentava uma fisionomia cerrada, indisposta.

Um cavalheiro de seus quarenta e cinco anos entrou na saleta para ser atendido e foi saudado por Dulce, que, ao vê-lo, aprumou sua postura física na cadeira e fez gestos femininos típicos de cuidado com o cabelo e o olhar.

— Bem-vindo, meu irmão! Qual é o seu nome?

— Chamo-me Paulo.

— O meu é Dulce e essa é Melissa.

A voz de Dulce inspirou-me um desconforto, pelo excessivo tom de oferecimento, mas, para não permitir meu temperamento julgador, optei por acreditar na sua boa vontade, resguardando meu clima. E a conversa continuou no mesmo tom.

— O que o traz à nossa casa? – indagou com muita gentileza.

— Sou fumante inveterado e agora comecei a apresentar os primeiros sintomas pulmonares de anos de vício. Queria saber como posso ser ajudado pelos espíritos.

Ele mal terminou de falar, e notamos que Melissa, que não se encontrava em bom estado de humor, ficou ainda mais perturbada ante a fala do homem. Ouvíamos, com clareza, suas manifestações mentais a praguejar contra o vício de Paulo. Em sua mente desfilavam frases como "a pessoa arruma vício e depois quer que os espíritos a ajudem a acabar com o que elas mesmas escolheram", "como é que pode pedir uma coisa dessas?", "parece que os espíritos agora viraram escravos das nossas loucuras!".

Sentimentos de muita raiva tomavam conta de seu campo emocional, que estava como um redemoinho. Tomada de um profundo mal-estar com o quadro de Paulo, observei que ela, instintivamente, começou a respirar de forma ofegante. A cada inspirada, ela sugava uma matéria alojada em meio aos pulmões do fumante. Era uma cena de impressionar. Que poder era aquele? Como as narinas da médium podiam fazer aquilo? Por fim, seu gesto ofegante chamou tanto a atenção que Dulce parou o atendimento e indagou:

— Tudo bem, Melissa?

— Não, não está nada bem! – a frase assustou o atendido.

— Você pode me dizer o que acontece?

— Não. Vai ficar tudo bem. Eu estou apenas ajudando as entidades que acompanham esse senhor – e mais uma vez surpreendeu a Paulo com sua fala, que não pestanejou em perguntar:

— Eu tenho esse vício por conta dos espíritos?

— Não, meu irmão. Não é bem isso que ela desejou expressar. Todo vício traz companhias espirituais que podem perturbar ou até dominar. Você não se preocupe com isso – respondeu Dulce com carinho, passando ainda outras orientações àquele homem que buscava ajuda.

Quando ele saiu da cabine, Melissa estava péssima. Sentia-se completamente fora de si. Auxiliada por Dulce, ela foi conduzida ao salão das macas, onde se realizaria a continuidade das atividades espirituais.

Chegava o instante do tratamento noturno. Júlio, Antonino e todos os demais atendentes reuniram-se em prece para a prática mediúnica.

Melissa estava atordoada. Seu quadro mental beirava a loucura. E tão logo encerrou a prece, ela, em voz alterada, manifestou:

— Corrupção é o nome disso! Corrupção dos costumes. Fuga! Fuga! Fuga! – e não parava de repetir a palavra fuga, até que o dirigente Júlio intercedeu.

— Fuga de que, meu irmão?

— Solidão! Fuga da vida! Quem fuma quer se matar e não tem coragem! Solidão.

— Será, meu irmão?

— Eu tenho certeza. Eu não quero viver. Aliás, eu já morri. Eu quero chorar, chorar muito, muito, muito. A vida não vale a pena. Quem fuma está sofrendo de solidão, solidão, solidão. Eu vou matar e levar comigo esse homem. Eu quero esse homem para mim. Solidão, solidão...

E Melissa tombou em choro convulsivo por vários minutos com intensa tosse, enquanto Júlio dizia palavras doces e amigas. Logo em seguida, a médium retomou sua consciência, trazendo um estado mental completamente diverso. Sentia-se mais alegre e leve. Sua fisionomia parecia a de outra pessoa, tamanha a alteração.

E eu olhava para Cornelius, que percebia minha intensa curiosidade. Não havia nenhuma entidade se manifestando por intermédio da mediunidade de Melissa. O quadro, no entanto, era convincente para quem se encontrava no plano físico.

Em razão dos afazeres daquela hora, contive minhas dúvidas e continuamos concentrados na tarefa em curso.

Após o atendimento prestado a Melissa, todo o grupo se organizou em seis equipes de três pessoas em cada uma das macas para iniciar o atendimento, sob tutela dos amigos espirituais. Ao todo, apesar de pequeno, o Centro Espírita Servidores da Luz recebia, em média, quase cem pessoas a cada noite de atendimento. A reunião no salão dos estudos continuava com o estudo de *O evangelho segundo o espiritismo*.

Nossas equipes, igualmente, se dividiram nas diversas responsabilidades.

Fui destacado para acompanhar o trabalho na maca de Antonino, com orientação de Pai João de Angola. Chegada a vez de Janice, a mãe de Felício, ela se deitou na maca.

Antonino espalmou a mão sobre o chacra gástrico de Janice e, rodando a mão em sentido anti-horário, observei que houve uma inversão na rotação das energias. Como se fosse uma narina da alma, as pás do chacra absorviam uma essência que Pai João de Angola disseminava acima das mãos do médium. Era a essência da famosa erva das limpezas astrais, a arruda. Uma autêntica transformação se operava no campo da aura de Janice. Em comparação precisa, a erva tomava uma conotação de espuma efervescente ao contato com o campo energético da senhora, e recordava as espumas de sabonete ao tomar banho. Logo a seguir, Antonino recebeu, de Pai João, a orientação para que outro integrante da equipe aplicasse um passe dispersivo, e foi então que toda aquela espuma se derretia, caindo ao chão e deixando nítida a alteração na feição astral de Janice.

No plano físico, ela bocejava sem parar e deixava correr algumas lágrimas contidas ao lembrar a doença do filho.

Pai João novamente incorporou Antonino e falou:

— *Fiinha, cê qué* uma boa notícia?

— Ah, meu Pai, estou precisando disso.

— O *fio* Felício está sob cuidados de *sô EuripaBarsanulfo*.

— É mesmo, Pai?

— Tá sim, *fia*. Tá deitadinho e dormindo para logo abrir os *ôi*.

— O senhor acha que ele vai se recuperar, meu velho?

— *Muzanfia*, parece ser essa a vontade de Deus. Vamos todos *trabaiá* para isso. E como que a *fia tá* se sentindo agora?

— Aliviada e amparada. Quero agradecer de coração.

Sem dúvida, a Janice que entrou naquela casa havia alguns minutos já não era a mesma mulher. A fé daquela senhora era algo incomum. Ela absorveu com legitimidade as bênçãos da misericórdia celeste.

Colaboradores atentos de nosso plano passaram informações da equipe externa de trabalho, coordenada por dona Modesta, que, naquele exato momento, visitava Felício no hospital no Rio de Janeiro, oferecendo notícias auspiciosas sobre o estado clínico do magistrado. O médium, ao registrar tais informações, passou-as imediatamente a Janice, que multiplicava seu bem-estar, principalmente por saber que dona Modesta cuidava de seu filho.

Em seguida, chegou a moça, enfermeira, que havia sido assistida. Notamos que ela se acomodou na maca e, com rara facilidade, ao fechar os olhos, desdobrou-se, saindo do corpo, e ficou de pé.

Antonino, mesmo percebendo o ocorrido, manteve a atividade socorrista, evitando tocar no corpo para não assustá-la.

Logo que a moça nos avistou, a mim, Pai João e Cornelius, começou com uma intensa gargalhada. Não parava de rir.

Apesar das tentativas de chamá-la pelo nome, ela ria em estado de perturbação completa.

Pai João chegou perto dela, colocou o indicador direito na sua cabeça, e ela engasgou, passando das gargalhadas a tosse. Contorcia-se tanto para tossir que, por fim, deitou no chão, ainda engasgada. Uma crise epiléptica deflagrou instantaneamente. Descia uma gosma vermelha boca abaixo. Depois de contorções involuntárias e brutais, ela perdeu os sentidos e imediatamente foi devolvida à matéria. Tudo aconteceu em, no máximo, 3 minutos, em meus cálculos.

A minha surpresa maior foi olhar para o lugar onde ela caiu e verificar o grande volume de matéria em estado de decomposição que ali ficou depositado. Técnicos da limpeza, muito preparados, reuniam aquele material etérico em vasilhames apropriados com o máximo cuidado, colocando-o em potes higiênicos.

Ao voltar do desdobramento, foi abordada pelo médium, que lhe perguntou se estava tudo bem. E ela, assim como Janice, declarou um estado de bem-estar que não experimentava havia tempos.

Cada noite de tarefas no centro espírita ou na tenda umbandista representava, para mim, um curso intensivo de preparação para melhor servir. Se o homem encarnado supõe que muito aprenderá ao vir para cá, nós, por nossa vez, com assiduidade, afirmamos que aprendemos de verdade quando em contato com a realidade do mundo físico.

Essa interação interplanos é algo incomensurável e reflete a extensa obra de Deus na natureza.

Terminadas as atividades, dona Modesta regressou ao ambiente do centro espírita para trazer considerações emergentes, ressaltando a importância daquele trabalho de alívio e socorro no qual dezenas de pessoas foram orientadas e tiveram suas dores abrandadas.

Regressando ao Hospital Esperança, não me contive nas minhas costumeiras indagações de aprendiz que me saltavam na vida mental. Com a paciência de sempre, Cornelius veio em meu socorro.

— Que atividade linda no centro espírita! – expressei, puxando o assunto.

— É a expressão do amor e da bondade celeste, meu caro irmão. Grupos como esse, que já se encontram em várias partes, são como potentes bases de higienização do planeta neste momento de transição. São considerados, por nós, como núcleos saneadores e de asseptização, postos socorristas avançados que interligam as dores humanas aos espíritos, legítimos exemplos de mediunidade pública e cristã.

— Existe, Cornelius, uma conexão entre a Tenda Umbandista Pai João de Angola no Rio de Janeiro e o Centro Espírita Servidores da Luz?

— Total conexão, meu irmão. Ambos fazem parte dos núcleos de apoio aos serviços desafiantes da limpeza da psicosfera terrena.

— Impressiona-me a espontaneidade nesses grupos!

— Recorda-se de nossas recentes considerações sobre educação mediúnica?

— Sim. Pensei muito em todas elas.

— No Centro Espírita Servidores da Luz encontramos uma expressão clara de afeto e união grupal que nos faz recordar a lúcida abordagem de Allan Kardec:

"Já vimos de quanta importância é a uniformidade de sentimentos, para a obtenção de bons resultados. Necessariamente, tanto mais difícil é obter-se essa uniformidade, quanto maior for o número. Nos agregados pouco numerosos, todos se conhecem melhor e há mais

segurança quanto à eficácia dos elementos que para eles entram. O silêncio e o recolhimento são mais fáceis e tudo se passa como em família."

— A mediunidade, nesse contexto, encontra mais segurança – afirmei, esperando a confirmação do benfeitor.

— Sem sombra de dúvida. Com relações afetivas mais leves, sobra para cada componente a luta contra suas questões de ordem íntima, pessoal, com a bênção de ainda poder contar com a mão amiga dos integrantes da equipe. A convivência afetuosa permite aos irmãos desta casa o apoio vibratório mais intenso e a espontânea expressão dos sentimentos no clima do respeito e da bondade. Nessa condição favorável, são autênticos parceiros de nossas iniciativas. E por reconhecerem a extensão de suas necessidades pessoais, tributam valorosa fé ao nosso grupo espiritual.

— E rompem com muitos dos padrões referidos pelo doutor Inácio Ferreira na nossa conversa recente no Hospital Esperança.

— Sentem confiança no que fazem porque não queimaram as etapas da educação mediúnica. São médiuns e dirigentes que buscaram preparação, disciplina, renúncia e renovação de hábitos. Com valores tão essenciais, permitem maior integração com nosso plano e reconhecem, claramente, os limites adequados sem temor de avançar na experimentação, na ousadia de fazer diferente do que a maioria recomenda para as atividades mediúnicas iniciantes.

— E como classificar essa mediunidade de Antonino, Melissa e dos demais médiuns neste grupo.

— São médiuns saneadores.

"A principal tarefa de todo médium em expiação é curar suas próprias dores. E, para atingir esse fim, vai cooperar com o serviço mais urgente nas ações de regeneração do planeta, que é sanear, higienizar os contextos e as pessoas que a vida vai te entregar para o serviço árduo da alquimia energética, isto é, a transformação da sombra em luz, da doença em saúde. Você faz parte do grupo extenso dos médiuns saneadores. É como se tivéssemos a missão singela, mas significativa, de viver como faxineiros energéticos."

Médiuns saneadores

"Podem considerar-se as pessoas dotadas de força magnética como formando uma variedade de médiuns?

Não há que duvidar."

"Entretanto, o médium é um intermediário entre os Espíritos e o homem; ora, o magnetizador, haurindo em si mesmo a força de que se utiliza, não parece que seja intermediário de nenhuma potência estranha.

É um erro; a força magnética reside, sem dúvida, no homem, mas é aumentada pela ação dos Espíritos que ele chama em seu auxílio. Se magnetizas com o propósito de curar, por exemplo, e invocas um bom Espírito que se interessa por ti e pelo teu doente, ele aumenta a tua força e a tua vontade, dirige o teu fluido e lhe dá as qualidades necessárias."

O livro dos médiuns, capítulo 14, item 176, perguntas 1ª e 2ª.

9

— Médiuns saneadores?

— A Terra, meu irmão, atravessa um desafio de proporções gigantescas com a ecologia do astral, assim como enfrenta problemas graves com a ecologia no mundo físico.

As mudanças climáticas, geológicas e sociais causam enorme impacto sobre o ser humano e seu modo de viver. A poluição e o lixo não são alvo de atenção somente no mundo físico, mas muito antes no mundo espiritual.

A psicosfera do planeta, desde a Segunda Guerra Mundial, atingiu índices antes nunca alcançados de insalubridade e toxicidade nas faixas vibratórias de vida mais próximas à matéria.

Além disso, o bioterrorismo resultante das organizações que servem ao mal engrossou ainda mais o número de bactérias e vírus na fauna e na flora astral.

Dificilmente um ambiente no planeta fica imune ao contágio voraz e nocivo das energias destruidoras.

Temos, hoje, uma questão de ordem coletiva com o lixo astral. E mesmo aqueles que organizam sua vida mental com os padrões ecologicamente coerentes da educação espiritual, à luz do amor e do Evangelho, padecem com o peso energético da aura terrena.

Lares e empresas, hospitais e escolas, ruas e penitenciárias costumam se transformar em bolsões de miséria astral.

Médiuns saneadores, portanto, são todas as pessoas que apresentam a mínima fresta de luz nos locais de sua movimentação. Seja pela oração, pela conduta reta ou por meio de ações mais conscientes com o uso de seus potenciais mediúnicos, esses medianeiros funcionam como catalisadores precisos e fundamentais em meio à poluição, cooperando com a ordem e a faxina imprescindíveis.

Quanto mais consciência guardam os médiuns de semelhante realidade extrafísica, mais podem colaborar na condição de faxineiros ativos na melhoria das condições ambientais de nossa casa planetária.

Observou como nossos técnicos em assepsia tomaram toda a cautela com a matéria fétida retirada da enfermeira socorrida na maca?

— Fiquei perplexo! Deu-me a impressão de que a usariam posteriormente para alguma coisa, tamanho o cuidado.

— Não tenha dúvida de que a usarão. Nada se perde na natureza. Aquela matéria expelida pela aura da moça resulta de um dos sentimentos mais pertinentes às pessoas internadas nos centros de saúde onde ela milita: é a matéria do medo.

— Do medo?

— Sim, do medo pertencente aos pacientes que ela socorre. A nossa irmã é de um coração de ouro. Consegue alimentar, com seu proceder, as esperanças alheias, e, por meio de simbiose natural de forças, ela puxa para si a dor do outro ao oferecer-lhe apoio e incentivo ante o temor da morte e da perda.

No mundo físico usa-se, com frequência, a expressão médiuns-esponja para designar esse gênero de ação. Nós compreendemos o motivo de tal designação, mas ninguém é chamado por Deus para servir na mediunidade a fim de absorver o que pertence ao outro, na condição de uma esponja. Entretanto, é da ordem divina, quando assim permitem as sábias e justas leis da natureza, que esses médiuns transmutem ou saneiem tais bolsões parasitários, cooperando para a obra de higienização astral de ambientes, pessoas, objetos e entidades espirituais. Absorvem e depois transmutam.

É a mediunidade em seu sentido mais abrangente.

Pai Bené, Antonino e vários médiuns que palmilharam a escola sagrada da educação mediúnica não receberam orientações nem exercícios sobre os mecanismos de imunização e transmutação mental, todavia, em razão da natureza de suas faculdades mediúnicas e de suas necessidades morais, foram obrigados, pela força das experiências, a aprender a lidar com as cargas sombrias, tóxicas e malignas.

Mais do que identificá-las, eles desenvolveram a capacidade anímica de alquimistas, isto é, aqueles que aprenderam a alterar a natureza molecular das energias com uso da mente. Por essa razão, cumprem o papel de saneadores de ambientes, catalisadores espontâneos das forças venenosas que se alojam nos ambientes, pessoas e desencarnados na esfera de suas ações.

Você testemunhou, José Mário, com que naturalidade o médium absorveu as energias malignas na aura de Janice, mãe de Felício. Depois, percebeu com que simplicidade identificou toda a carga maléfica da aura da enfermeira. E com Melissa? Ela sugou instintivamente aquela pasta energética do pulmão de Paulo.

Essa é a ação benfazeja da limpeza astral.

A exemplo do que acontece no mundo físico, quando alguém embala o lixo de forma ecologicamente correta, esse alguém colabora com sua pequena parcela para um mundo melhor. Da mesma forma, e com mais dilatada importância para o futuro regenerador do planeta, esse saneamento astral é a medida salutar para aliviar o peso psíquico que acomete os homens no mundo físico e também no mundo espiritual.

— Mas e Melissa? Naquela condição de indisposição ela também colabora com essa tarefa? Ela não estava incorporada por nenhuma entidade espiritual. Como considerar o fato?

— Você ficou atento à postura de Dulce logo que Paulo adentrou a saleta?

— Sim, e fiquei deveras incomodado. Pareceu-me, perdoe-me o julgamento, uma pessoa muito carente afetivamente.

— Não é julgamento, José Mário. Dulce atravessa um momento de extrema dor afetiva, após uma decepção amorosa grave. Não será julgamento dizer que ela está muito oferecida, com todo o respeito.

— Mas o que isso tem a ver com Melissa?

— Lembra da palavra mais proferida por Melissa durante a suposta comunicação mediúnica?

— Solidão foi citada inúmeras vezes. Eu mesmo não entendi a relação que isso teria com o vício do fumo.

— Não tem nada com o vício. Melissa, na verdade, captou o inconsciente de Dulce, que durante o atendimento permitiu o afloramento descontrolado de emoções ante a presença do cavalheiro que lhe atiçou o desejo e a fibra afetiva.

— Então a ajuda foi para a amiga de atendimento fraterno, e não para Paulo?

— Para ele também. Todo um chumaço de energias deletérias que estavam alojadas no pulmão do fumante foi limpo pela médium Melissa.

— E como considerar tudo isso? Normal, habitual ou um efeito de alguma invigilância?

— É algo mais habitual do que se imagina acontecer isso nos grupamentos mediúnicos. Melissa estava indisposta. Fechada em suas lutas pessoais e sem disposição para o trabalho. Dulce entregou-se às suas fantasias afetivas. Ambas fizeram todo o preparo recomendável para as atividades noturnas da mediunidade, ainda assim, o clima emocional de ambas estruturou todo o contexto. Não ultrapassaram suas próprias limitações e necessidades pessoais.

É por esse motivo que o serviço mediúnico com Jesus estipula quesitos morais nobres para a tarefa redentora.

Disciplina, alimentação apropriada, bom contingente de energias, renúncia aos vícios perturbadores, oração, vigilância e asseio mental. Contudo, todo o preparo pode ruir se a viga das emoções ficar comprometida pela força de nossas sombras interiores.

Mesmo nessas condições, houve saneamento, melhora e amparo, embora a dupla de irmãs não tenha levado da reunião o clima de fortalecimento e plenitude que poderiam assimilar, caso se mantivessem em outra postura mental. Essa a razão de muitos médiuns saírem das reuniões mediúnicas com reflexos indesejáveis das tarefas. Algo que não deveria ser considerado uma rotina natural.

— Que sutileza!

— Enquanto no corpo físico, tolhida pelos sentidos estreitos, fica muito reduzida a consciência das nuances que envolvem o fenômeno mediúnico. Concebê-lo como encontro de almas em regime de trocas mentais não nos amplia a percepção da natureza e intensidade das forças dinamizadas durante essa ação. O grupo mediúnico pode ser comparado a vigoroso campo de energias em profusão. Nesse conjunto de irradiações, raramente os trabalhadores espíritas dispõem-se a analisar a participação ostensiva do subconsciente nas tarefas de intercâmbio. A palavra animismo é proferida com preconceito e temor. Esses fatores morais, entretanto, não o eliminam, não o anulam. Os médiuns, no contexto da reunião, são mentes passivas. Os dirigentes e demais cooperadores são mentes ativas. Isso basta para que fenômenos pouco analisados ocorram na rotina das tarefas de intercâmbio.

Os grupos mediúnicos espíritas deveriam se aprofundar mais na investigação do animismo como fator terapêutico, educativo e libertador, a fim de utilizá-lo como ferramenta de serviço e aprimoramento. Há médiuns que andam recebendo o inconsciente de elementos da reunião mediúnica sem saberem. Por meio de semelhantes movimentos psíquicos, sejam eles espontâneos ou planejados pelos benfeitores, inúmeras doenças e lutas espirituais têm sido amenizadas ou mesmo solucionadas nas equipes de trabalho. Uma catarse de forças vivas e inteligentes se opera durante as sessões mediúnicas. Basta que um agrupamento ore em conjunto para que se alterem, por completo, os campos de forças que se aglutinam, fundem-se e transformam-se em mutações sem igual.

O saneamento é, também, uma operação mediúnica prevista e rotineira nas equipes de serviço mediúnico, e não um episódio à parte e ocasional. Não há como separar o mediúnico do anímico em tarefas dessa espécie.

— Cornelius, e que medida tomar ante os assaltos dessa sombra interior? Como se entregar ao trabalho com postura que permita absorver as bênçãos espirituais dessa tarefa?

— Disposição de servir e ser útil acima de tudo. Melissa estava assaltada pelo humor diante dos seus testemunhos com a família. Manteve-se fechada emocionalmente para pedir o socorro de que precisava, mesmo em um grupo tão generoso. Dulce, por sua vez, ainda amarga a dor da separação inesperada, consumindo-se nas farpas da mágoa venenosa e da carência alucinante. A tarefa mediúnica, antes de quaisquer medidas de preparo mais conhecidas e ministradas nas salas de estudo doutrinário, solicita a integração do medianeiro com o amor incondicional. Uma obra do tempo e do amadurecimento individual.

Médium com Jesus é o aprendiz da lição que orienta a sublime recomendação "fora da caridade não há salvação"[1]. Somente com a medicação libertadora do amor poderemos romper a espessa carapaça do egoísmo milenar.

Sem dúvida, ter alegria em aliviar a dor alheia, semana após semana, nas tarefas do bem constitui o fio de ligação mais seguro e sólido entre o plano físico e o plano espiritual.

---

1 *O evangelho segundo o espiritismo*, capítulo 15, item 10.

Os nossos irmãos encarnados, José Mário, haverão de abrir a mente e o coração caso anseiem por ampliar as noções de mediunidade com Jesus; agir com ousadia para romper com a tradição. A superação das referências e o aprofundamento do saber através da lente da observação experimental têm enorme valor nos grupos mediúnicos.

Os conjuntos doutrinários que aspiram crescimento hão de se matricular nos regimes da coragem e do sacrifício, sem medo da experimentação, inspirados na divisa gloriosa da caridade. Quem deseja servir e deixar vibrar em seu coração a necessidade de aprender lança-se a essa tarefa sem barreiras. Os benefícios são estimulantes. Por outro lado, deixar de examinar a influência oculta das forças energéticas nas correntes de intercâmbio entre os planos vibratórios será ignorar um mundo novo de lições e bênçãos em favor da paz e da harmonia, da saúde e do equilíbrio, do socorro e da libertação de lutas sem conta.

— Eu não sou muito bom em estatísticas, Cornelius, mas, se estiver correto, pelo menos 60% da reunião desta noite trabalhou mais com energias que com espíritos – arrisquei meu palpite.

— Este é, na verdade, um dos conceitos que as reuniões mediúnicas afinadas com as necessidades do Espírito imortal, em pleno século 21, terão de rever.

Quaisquer rigores relativos às práticas à luz do espírito imortal podem nos distanciar da verdade.

Allan Kardec se preocupou com as contradições a respeito dos ensinos espirituais, dirigindo várias perguntas aos Sábios Guias da Verdade. Entre as respostas, eles afirmaram:

"Estudai, comparai, aprofundai. Incessantemente vos dizemos que o conhecimento da verdade só a esse preço se obtém. Como quereríeis chegar à verdade, quando tudo interpretais segundo as vossas ideias acanhadas, que, no entanto, tomais por grandes ideias? Longe, porém, não está o dia em que o ensino dos Espíritos será por toda parte uniforme, assim nas minúcias, como nos pontos principais. A missão deles é destruir o erro, mas isso não se pode efetuar senão gradativamente."[2]

Para nós, fora da esfera da matéria física, o universo da realidade amplia horizontes incomensuráveis aos nossos sentidos. Será recomendável aos homens iluminados pelo conhecimento espírita que tomem os ensinos da doutrina como uma coluna vertebral capaz de sustentar as práticas mais diversas no entorno destes princípios.

Identidade filosófica garante saúde aos objetivos da proposta espírita, entretanto, querer regular a esfera das práticas por meio de uniformização é um engessamento que cerceia o avanço das noções mais claras sobre a realidade extrafísica.

Médiuns como Melissa, Antonino, Pai Bené e tantos outros, sem uma atividade com essas características, poderiam sucumbir sob o impacto da perturbação mental. Muitos médiuns, aliás, encontram-se adoecidos por conta de não se adaptarem a tarefas que melhor poderiam absorver seus potenciais mediúnicos. Para eles, metabolizar a energia mediúnica é alívio, estímulo e abertura para a cura de velhas mazelas da alma.

— Seria correto afirmar que os médiuns saneadores fazem parte de uma modalidade nova de mediunidade?

— De forma alguma, José Mário. Eles sempre existiram. Seria adequado dizer que se trata de um estágio fundamental de

---

2 *O livro dos médiuns*, capítulo 17, item 301, 4ª pergunta.

aprendizado da mediunidade, do qual raríssimos médiuns escaparão, considerando que, sem ele, o médium não adquire a capacidade de resistência mental e o discernimento extrassensorial em vastas proporções, visando a responsabilidades maiores. A resistência advém das defesas que desenvolve no contato com a diversidade energética a que se afeiçoa, e o discernimento em razão dos registros que faz a respeito da natureza das vibrações pertinentes a cada contexto no qual se alfabetiza mediunicamente.

— E as reuniões espíritas, nos moldes em que se encontram, estariam apropriadas a essa vivência?

— É uma questão que realmente merece exame. Os métodos de educação mediúnica, como já conversarmos anteriormente no Hospital Esperança, estão afetados pelo excesso de cautela, que retarda o progresso de tais médiuns. Embora exerçam controladamente sua função saneadora, quase sempre ficam aquém do que poderiam realizar em seu próprio bem por conta dos rigores em relação à espontaneidade dos médiuns.

— E o trabalho programado, nesse caso, chega a ser realizado em tais grupos?

— Como já lhe disse, oportunamente, o programa obedece à disponibilidade de cada grupo. A tarefa acontece, mas o médium é quem costuma pagar maior tributo por se encontrar fora de uma classe na qual poderia ser mais bem aproveitado. Em tarefas sob o rigor da educação mediúnica, os médiuns saneadores deixam de executar pelo menos dois terços do que poderiam se estivessem ajustados a um trabalho com mais disposição de experimentação e abertura de conceitos.

— E que tarefas os médiuns saneadores poderiam realizar em outras atividades com maior abertura de conceitos?

— Tarefas como as que você observou aqui esta noite, no Centro Espírita Servidores da Luz. Você acredita que somente a bênção da fluidoterapia espírita, por meio de passe, água fluida, oração e desobsessão, seriam suficientes para limpar a enfermeira das camadas infectas de doença que carregava em sua aura?

— Compreendo. Os médiuns saneadores e as respectivas tarefas mediúnicas, como a dessa casa, são como especialidades da medicina espiritual.

— Exatamente. Ótima comparação. Nada contra os métodos usados em reuniões cujas práticas são padronizadas. Elas também cumprem sua função socorrista. Nelas, entretanto, seria desejável uma lista de iniciativas que somente aqui encontramos.

— Pode me dar alguns exemplos?

— Os médiuns saneadores podem executar funções terapêuticas pouco ordinárias ao senso comum, tais como: remoção de tecnologia parasitária, alinhamento de chacras, limpeza de clichês e morbo psíquico na aura carregada, desobstrução de chacras (inflamação e infecção larvária), eliminação de Goécia (magia negra), asseio de cordões energéticos, limpeza por meio do vampirismo assistido, domínio sobre elementais, exoneração de matérias mentais de sentimentos tóxicos, vitalização pelo passe magnético, choque anímico com ativação de chacras profundos do corpo mental, puxada de aura coletiva, limpeza de ambientes, destruição de endereços vibratórios em carros, objetos e bens materiais, liberação de mágoa, angústia e outros excrementos mentais que se alojam no corpo físico, e os tão populares trabalhos de "benzimento de mau-olhado" e "fechamento de corpo", entre outras atividades.

— Quando notei as salamandras, arrepiei-me de curiosidade, se é que posso assim me expressar!

— Os médiuns com capacidade de perceber as realidades de nosso mundo captam a existência de tais manifestações da natureza astral e, em razão dos cuidados que lhes asseguram a prudência excessiva, quase sempre recusam o exame mais detido da presença e da função desses seres em grupos mediúnicos.

— E, mesmo em reuniões mais tradicionais, as salamandras estão presentes, assim como comparecem aqui?

— Isso é perfeitamente possível, dependendo da necessidade. O mesmo não se pode dizer da reação que terá o grupo carnal ao percebê-las. Quase sempre são percebidas como criaturas do mal ou seres indesejáveis no ambiente de trabalho com o Cristo. Alguns as confundem com ovoides, outros com obsessores temíveis ou mecanismos de zoantropia.[3]

— Impressionante!

— A maturidade espiritual não se opera aos saltos, meu irmão. Que seria de casos como o do magistrado Felício, se não tivéssemos grupos dispostos, como a tenda umbandista onde milita Pai Bené e o Servidores da Luz?

— Eu pensava exatamente nisso. Bendita tarefa dos médiuns saneadores!

— Bendita seja! Por falta de preparo e orientação uma infinidade de médiuns padece horrores por desconhecer esse gênero de missão a eles confiada.

— Missão? Quando Antonino usou essa expressão com a enfermeira tive um tremor de preconceito.

— Toda tarefa é uma missão, José Mário. O estigma lançado sobre essa palavra é injustificável. Basta pensar assim: todos têm uma missão, mas nem todos se fazem missionários. Missionário é todo aquele que cumpre o que lhe foi designado

---

[3] Adoção perispiritual de formas animalescas por parte de entidades espirituais.

como missão. Alguns médiuns em uma mesma existência carnal não mudaram seu estágio de aprendizado. Permanecerão médiuns saneadores a vida inteira, desenvolvendo ampla capacidade de poder mental e memorização energética. Em outras vidas, de posse de semelhante experiência, poderão ampliar o raio de suas vivências mediúnicas intelectuais, adicionando outras percepções, assim como já encontramos diversos médiuns nesse estágio produzindo maravilhas. Como assevera o apostolo Paulo aos Coríntios, capítulo doze, versículo sete: "Mas a manifestação do Espírito é dada a cada um, para o que for útil."

— E no caso dos médiuns saneadores que missão lhes foi entregue?

— A missão de sanearem antes de tudo suas próprias mazelas morais que são capazes de lhes enlouquecer o psiquismo e arruinar suas melhores e mais esperançosas chances de libertação.

— Então são criaturas com grande necessidade espiritual?

— Qual médium não carrega enormes débitos com sua própria consciência, meu caro José Mário?

— É verdade!

— São corações com extensas necessidades psíquicas que adoeceram por tanto envenenar a vida e suas leis. Surrupiaram muitos deles os recursos que financiariam a saúde e o equilíbrio de lares e comunidades. Hoje regressam com extensa ficha de compromissos com o bem alheio. São almas que peregrinaram pelos vales insanos da magia destrutiva, hoje se resgatam por meio do dever de refazer os novelos energéticos tóxicos que criaram na teia da sociedade. São almas com enorme poder mental e escassos valores morais. Reencarnam, sobretudo, com o propósito de superarem seus impulsos egoísticos e buscar a redenção de seu coração. Esse o motivo de trazerem flamejante anseio de ser útil ao semelhante nas tarefas mediúnicas que permitem maior contato com o povo e com a dor alheia.

Nesse momento do planeta, a higienização em pequenas ou vastas medidas é essencial ao bom andamento dos projetos dos Planos Superiores, em relação ao futuro promissor do orbe terreno.

Os médiuns saneadores não só são chamados a higienizar, mas, sobretudo, a ajudar a temperar a psicosfera do planeta com as sementes do amor e da paz. A grande proposta da regeneração depende desse esforço diminuto e de grande valor que é limpar a eira como asseverou Jesus[4]. Entretanto, a ecologia mental e astral da Terra carece em muito de fertilizantes vigorosos e de sementes viçosas.

O trabalho dos médiuns saneadores, por esse profundo nível de compromissos, visa a habilidade de aprender a sacudir o pó das sandálias como orientou Jesus em Mateus, capítulo dez, versículo quatorze, bem como ir mais além. Isso se consegue com conhecimento e emprego persistente de técnicas, que são pura magia da vida que ensina-nos a movimentar as energias para preservar-nos do mal. Limpar o que não nos pertencente.

Mais que sacudir, tais médiuns são convocados ao aprendizado de fermentar a massa vibratória em torno de seus passos como assinala Paulo na primeira carta aos Coríntios, capítulo cinco, versículo seis: "Não sabeis que um pouco de fermento faz levedar toda a massa?"

Se as forças corrompidas pelo veneno do mal podem muito em seus efeitos, qual não será o poder da energia divina e natural para a qual e na qual todos fomos criados?

---

4 Mateus, 3:12 – "Em sua mão tem a pá, e limpará a sua eira, e recolherá no celeiro o seu trigo, e queimará a palha com fogo que nunca se apagará."

Médiuns saneadores renovados são fermentos poderosos na massa social. Além de ser excelente agente de desintoxicação, agregam a sublime missão de irradiarem a paz, a fé e a bondade divina por onde passam.

Aura coletiva do centro espírita

"Assim como há Espíritos protetores das associações, das cidades e dos povos, Espíritos malfeitores se ligam aos grupos, do mesmo modo que aos indivíduos. Ligam-se, primeiramente, aos mais fracos, aos mais acessíveis, procurando fazê-los seus instrumentos e gradativamente vão envolvendo os conjuntos, por isso que tanto mais prazer maligno experimentam, quanto maior é o número dos que lhes caem sob o jugo."

O livro dos médiuns, capítulo 29, item 340.

10

Meu interesse nas atividades dos médiuns saneadores motivou em meus benfeitores medidas educativas em meu favor. Passei a acompanhar de perto algumas das iniciativas de amparo àqueles corações sofridos que buscavam as tarefas no Centro Espírita Servidores da Luz.

Em uma dessas ocasiões, acompanhado por Cornelius, que passou pessoalmente a tutelar a mãe de Felício, a pedido de dona Modesta, acompanhamo-la ao grupo espírita no qual cumpria suas rotinas doutrinárias semanais.

Em uma noite de tarefas, efusiva e radiante com as boas novas recebidas pela bondade de Pai João de Angola, ela compartilhava detalhes do trabalho maravilhoso com André e Sabrina, dirigentes daquela agremiação.

— Que bom, Janice! – manifestou Sabrina, com um olhar sutil de reticências.

— Imagine você, André, que o médium da casa fez uma limpeza que não sei explicar como, mas me sinto tão bem que renovou minhas forças.

— Bom para você, Janice – atalhou André. – E quem é o médium dessa casa?

— Seu nome é Antonino, é apenas o que sei – e bastou citar o nome dele para que André e Sabrina se entreolhassem discretamente com reservas.

— E o nome do centro?

— Servidores da Luz.

Janice estava como uma criança exultante. Ainda permaneceu por alguns minutos ali, junto àqueles diretores, falando com gratidão sobre o quanto tinha novas esperanças a respeito da recuperação de seu filho Felício.

Chamada por outros amigos do grupo, entrou para uma sala e, quando fiz um gesto para segui-la, Cornelius colocou a mão em meu ombro, detendo-me e pedindo para ficar ali e acompanhar o desenrolar dos fatos. Ouvimos, então, o diálogo entre Sabrina e André. Duas senhoras muito discretas, presentes em nosso plano, acompanhavam conosco aquela conversa.

— Quando será que esse Antonino obsediado vai acordar, meu Deus! – exclamou Sabrina, com venenoso deboche na sua vibração.

— Obsessão grave assim, Sabrina, não se resolve em uma só vida. Em recente visita aos nossos órgãos unificadores, recebemos recomendação explícita a respeito do grupo Servidores da Luz. As notícias que vêm de lá são assustadoras, envolvendo o exercício da mediunidade. Imagina você que agora o tal Antonino está publicando livros horríveis, que são um verdadeiro atentado à pureza doutrinária. Em nossa livraria já decretamos que nenhum livro dele será vendido.

— Que inocência de Janice! Ela ainda acredita que seu filho vai se recuperar depois de se envolver em tantos rolos judiciais. Que Pai João é esse, meu Deus, que dá esperança a um ordinário desses? Roubou tudo o que podia envolvido com políticos criminosos.

Ao ouvir essa frase de Sabrina, eu perguntei a Cornelius se ele tinha certeza de que eu deveria acompanhar aquela conversa, que caminhava para a maledicência. E ele, discretamente, deixou entender que era um momento de caridade de nossa parte. Continuamos a ouvir.

— É mesmo um absurdo um grupo como esse! Que limpeza é essa em Janice! Fiquei sabendo que por lá usam técnicas que passam longe do espiritismo e que chegam a ponto de tocar nas pessoas durante o passe.

— Pior, ouvi dizer que têm macas e recebem pretos-velhos com todo aquele português misturado com palavras africanas! – ironizou Sabrina.

— *Vixe*! Sinceramente?

— Fala, André. Fala baixinho para ninguém ouvir.

— Para mim, esse povo tinha de ser preso. Fico pensando como vão responder por isso no mundo espiritual. Eu tenho é raiva, sabia?

— Eu também. A gente trabalha e trabalha para o espiritismo ser divulgado corretamente, e essa gente adultera tudo. Meu Deus! Haja paciência! Como podem dar esperança a uma mulher como ela?

— Não sei, Sabrina! Nem imagino!

— Janice está sofrendo e vai sofrer ainda mais. Acho que um homem que se envolveu com tantas falcatruas, como Felício, precisa mesmo é desencarnar e reavaliar o que fez junto aos obsessores que, a essa altura, já devem ter tomado conta da vida dele.

— Isso mesmo, Sabrina!

— Pobre Janice! Temos de alertá-la de alguma forma para o embuste do qual está sendo vítima. Está sendo enganada porque ama muito o filho. Eu fico pensando na irresponsabilidade de um médium desses. Como um criminoso como Felício poderia ser ajudado por espíritos como Eurípedes Barsanulfo? Meu Deus, quanta mentira junta! Quanta mistificação espiritual!

— Mistificação pura, Sabrina. É um grupo que de espírita só tem o nome.

— É mais uma umbandazinha disfarçada. Por que não colocam logo esse título e pronto?

— É verdade. Deviam assumir o atraso no qual se encontram.

— Fiquei sabendo que lá trabalham até com elementais. Já pensou nisso?

— Elementais? É demais!

— Além de índios, preto-velhos e exus, agora tive notícias, que correm no movimento espírita, de que eles aprenderam a trabalhar com elementais.

— Já não bastavam os espíritos ignorantes de preto-velho, e agora até reinos inferiores eles recebem por lá!

— É muita obsessão junta, gente! – desabafou Sabrina, com indignação.

Eu, mais uma vez, olhei para Cornelius, dando a entender meu desgosto com a conversa. O benfeitor permaneceu sereno e me lançou um olhar de advertência. Os dirigentes continuaram a conversa no mundo físico, cada vez mais ácida. E aquelas duas senhoras em nosso plano mantinham-se em absoluto silêncio.

— E você não sabe de nada – continuou André –, agora eles entraram nessa nova moda do movimento: as trevas. Fazem trabalhos pesados com técnicas antiespíritas. Antonino lançou um livro que só pode mesmo ser obra do diabo, falando que muitos espíritas, especialmente quem está ligado às frentes de serviço da doutrina, têm um laços estreitos com essas falanges em um passado longínquo.

— Que é isso? – zombou Sabrina.

— O tal livro, assinado por uma entidade espírita de vulto, chega a ponto de falar que muitos benfeitores espíritas recorrem a trabalhos de terreiros de umbanda para auxiliar pessoas, além de outras loucuras sobre o transporte da árvore evangélica para o Brasil.

— Ai, ai! Quanto embuste!

— Eu fico me perguntando por que um médium faz uma coisa dessas?

— Eu pergunto se ele é médium mesmo.

— Tem razão. Talvez nem seja. Eu só sei que agora vamos ter de vigiar Janice com muito cuidado.

— Concordo.

— Se bem que, se esse filho dela desencarnar, logo ela vai desacreditar das falsas esperanças e, com certeza, não acreditará mais nas falácias desse grupo de obsediados.

— Eu acredito que isso vai acontecer logo. Tenho um pressentimento a esse respeito.

— Se bem que... Espera aí... – André recordou de algo.

— O que foi?

— Está me vindo uma ideia daquelas na cabeça. Eu conheço uma pessoa que está neste grupo, o irmão Júlio.

— Sei quem é. Só não sabia que estava envolvido nisso.

— Na verdade, Júlio cedeu as dependências do centro para esse obsediado, porque ele se desligou de outro grupo de onde foi expulso por conta de seus abusos mediúnicos.

— É mesmo?

— E se a gente procurasse o Júlio para abrir os olhos dele?

— Eu não tenho essa intimidade com ele, mas posso acompanhá-lo.

— Faremos isso brevemente.

Eu já não suportava mais ouvir aquele debate infeliz de nossos irmãos, quando eles foram interrompidos por uma senhora. Olhei para Cornelius, que me perguntou se estava tudo bem, e eu respondi:

— Não, não está.

— O que houve?

— Estar desencarnado, nestas horas, é uma desvantagem. Quanta vontade de falar alguma coisa!

— Compreendo.

— Que injustiça para com nossos irmãos citados: Pai João, Antonino e todo o grupo de trabalhadores do Servidores da Luz!

— Nossos irmãos, aqui nesta casa, vivem outra experiência, José Mário. Você não queria ver de perto os rigores da educação mediúnica e seus efeitos nos médiuns?

— Sim, mas não essa conversa despropositada.

— Você entenderá logo, meu irmão.

Era o dia das atividades mediúnicas naquele grupo. Cornelius era recebido por benfeitores que já o conheciam de longa data. Entramos todos para a sala mediúnica. Havia clima de oração e boas vibrações no ambiente, até que a energia da sala foi totalmente alterada com a entrada de Sabrina e André. Falavam alto, não tinham o cuidado com o preparo como os demais na sala. Observei que aquelas duas senhoras continuavam acompanhando-os. As atividades começaram.

Um médium, com voz embargada, manifestou-se:

— Vejo livros caindo sobre André e Sabrina, livros mediúnicos. E, ao caírem sobre vocês, começa a sair uma luz intensa dos seus olhos. Vejo Sabrina com luz azul saindo dos olhos; e você, André, com uma luz lilás. E não sei por qual razão aquela senhora, mãe de Felício, que frequenta nossa casa, me vem à mente. Parece-me que ela é quem joga suavemente os livros para cima na direção de vocês. Sinto um enorme bem-estar em olhar para esses livros.

— Mateus, tome muito cuidado com essa manifestação. Contenha-se – orientou André.

— É como se eu tivesse de fazer uma limpeza em você, André. Está me dando uma vontade enorme de pegar na sua cabeça.

— Contenha-se, Mateus – e André olhou para Sabrina, como se confirmasse que a manifestação teria algo a ver com a conversa que haviam acabado de ter.

— Mateus, apenas observe, porque essa é uma faixa muito perigosa.

— Eu estou vendo um médium no centro de uma grande roda. Não sei quem é. Sobre ele cai uma enorme luz que vem do Mais Alto. E um senhor com jeito de escravo vem no meio dessa luz até chegar ao coração do médium.

— Você consegue perceber do que se trata?

— Parece que esse médium é alguém com uma tarefa de muita responsabilidade em nome de Jesus.

— Vigie bem, Mateus. Vigie porque não é bem essa a percepção que eu e Sabrina estamos tendo.

— Sim, eu vou vigiar – e o médium se conteve de vez na manifestação espontânea por conta dessa fala que tinha um tom de censura.

— Melhor é você sair dessa faixa, porque isso é um caso sério que nem vai ser tratado em nossa reunião. Foi mesmo uma iniciativa da espiritualidade para proteger nossa casa de algumas investidas de ideias falsas que as trevas querem colocar dentro do nosso ambiente.

— Compreendi – falou o médium com humildade, mas sem sentir ressonância com a fala do dirigente.

Cornelius, observando minha apreensão e minha nítida indisposição com André, pediu-me a oração. Foi a vez de Sabrina se manifestar, dizendo:

— Eu percebo exatamente isso que você disse, André. Entidades das trevas cercam o nosso centro no intuito de penetrar aqui com mentiras a respeito de assuntos diversos da doutrina.

— E você percebe se podemos fazer algo, Sabrina?

— Espere, vou verificar.

— Fique calma e concentrada. Tudo vai se aclarar.

— Ah, sim. Agora percebo.

— O que foi?

— Vejo que nossos benfeitores queridos pedem para fazermos uma orientação aos trabalhadores da casa a respeito de livros e técnicas que andam sendo divulgadas em nosso meio como sendo espíritas e sobre os perigos disso para a doutrina.

— E o que eles gostariam que fizéssemos?

— Que pudéssemos fazer uma reunião especial, porque eles vão doutrinar os espíritos que estão se passando por pretos-velhos e entidades elevadas em um grupo, que você já sabe qual.

— Sim, eu sei! – disse André, com um misto de alívio e expectativa.

— Esse grupo é a origem de todo um processo de obsessão que pode se tornar coletiva, se algo não for feito rapidamente.

— Entendi.

— Então, aquela roda vista pelo nosso irmão médium é um amparo.

— Exatamente! Ele precisa de muita ajuda.

— E aquele senhor escravo no meio da luz, o que é?

— É uma mistificação. Não há luz. Não há elevação. É uma mentira.

A essa altura da tarefa, pela primeira vez, notei aquelas duas senhoras em postura mais ativa junto a Sabrina e André impunham as mãos sobre a cabeça dos dois. Notei que vigorosos fios de cor lilás brilhante eram despejados no centro vital coronário de ambos.

A sensação que tive era de que algo se cortou entre Sabrina e André. Eu não podia explicar, entretanto, tinha a sensação muito clara de que algo que ligava os dois evaporou. Pude ouvir um rápido zunido no ambiente, como o de ar escapando de um balão.

Meu clima, conquanto buscasse a oração, ainda não era dos melhores. Apoiava-me na grandeza espiritual de Cornelius para conseguir fazer o meu melhor naquele instante.

Os rigores de André e Sabrina desafiaram minha própria arrogância.

Eu perguntava como alguém podia ter tanta certeza das manifestações mediúnicas. E, com esse pensamento, voei no meu tempo de doutrinador, quando no mundo físico, recordando fatos semelhantes, nos quais adotei postura idêntica. Pensava em quantas vezes eu me apropriei de ideias que nem sempre representavam a expressão da verdade. Cornelius, identificando minha profunda absorção mental, orientou-me:

— Aquelas senhoras são as mães de Sabrina e André. Lutam arduamente para encaminhá-los aos serviços do bem regenerador e salvá-los de comprometimentos lastimáveis.

— Pelo que vejo, Cornelius, eles estão doentes de preconceito.

— Antes fosse só isso, meu caro José Mário! Eles, infelizmente, estão classificados naquela assertiva do Cristo narrada em Mateus, capítulo 7, versículo 3: "E por que reparas tu no argueiro que está no olho do teu irmão, e não vês a trave que está no teu olho?"

— Eu percebi.

— É uma história complexa.

— Eles atacaram pessoas de bem o tempo todo.

— Só faz isso, José Mário, quem se entregou ao reinado de suas próprias sombras. Pessoas em paz são tolerantes e amáveis. Lamentavelmente, não é caso de nossos irmãos que se movimentam para criar defesas aos seus pontos de vista, tomados por profundos complexos de remorso e desconforto consciencial. Atravessam um momento tormentoso.

— Qual é o problema deles?

— Ambos são profissionais públicos de alto escalão e se envolveram em complexas relações ilícitas para ganho de propina. Apoiaram-se na ideia de fazer doações expressivas ao centro espírita a fim de aliviar a tormenta da culpa. Entretanto, devido a rigorosas investigações que foram realizadas por peritos, correm enorme risco de perder seus empregos, responder por processos judiciais graves e até ser presos. Além de tudo, passam por um momento de muito tumulto na vida afetiva. Ambos são casados e não suportaram a solidão em seus casamentos adoecidos, permitindo que o desejo lhes reanimasse a atitude para um novo enlace, alegando a velha tese das almas gêmeas. Estão tendo um caso.

— Santo Deus! E, nessa condição, ainda ficam depreciando a tarefa de quem trabalha com dignidade, como nossos irmãos do Servidores da Luz?

— É quase sempre assim, José Mário. Quando não estamos em paz conosco, queremos trazer a vida alheia para os vales de nossas sombras. Atacam porque, inconscientemente, reconhecem o valor dos esforços do Centro Espírita Servidores da Luz e de seus trabalhadores. Possivelmente, gostariam de obter as luzes benfazejas que exteriorizam os trabalhadores daquela casa. É como no episódio da mulher adúltera[1]. Todos queriam apedrejá-la sem reconhecer o grau de cumplicidade que aquela multidão tinha no adultério que acusava nela.

---

1 João, 8:1 a 11.

— Estão infelizes e querem a infelicidade dos outros – externei, ainda guardando um incômodo com a postura de nossos irmãos.

— A relação de autoamor é um remédio salutar capaz de estender os benefícios da paz interior distanciando a criatura de ataques antifraternais. Decerto, nenhum de nós deve apoiar as palavras descuidadas e a visão limitada de nossos irmãos, mas não nos compete acusá-los igualmente. Por agora, vivem o espiritismo na esfera de sua vida mental. São conhecedores dos princípios e ainda não penetraram a reforma pelo sentimento. Estão congestionados intelectualmente de doutrina e com o coração vazio de realizações e paz.

— Que loucura!

— Nem tanto, meu amigo. Qual de nós, no decorrer dos séculos, escapou de semelhante experiência em busca de nosso amadurecimento?

— Sim, é verdade, Cornelius. Acho mesmo que estou tão incomodado porque raciocino muito e sinto pouco.

— Esta é a nossa estrada de aprendizado, meu caro.

— E essa atitude infeliz de receberem propina, meu Deus!

— É a prova de que ainda se encontram adormecidos nos braços das ilusões mentais, por meio do cultivo de crenças personalistas.

— Realmente, o conhecimento espírita pode ser o caminho, mas nem sempre renova.

— Nem imagino o que estariam fazendo se já não tivessem o conhecimento espírita ao menos na inteligência.

— O que me impressiona é como acusaram o doutor Felício de ser alguém antiético, se eles próprios se encontram nessa condição enfermiça.

— Vemos nos outros o que, provavelmente, também é nosso, José Mário. Como lhe disse, vemos o argueiro no olho alheio sem sondar a trave que está no nosso.

— Lamento por aquelas senhoras que são mães. Como devem estar passando desafios para ajudá-los!

— Sim, é fato. E mesmo sem o conhecimento de Sabrina e André, já são muito conhecidas, inclusive no Servidores da Luz, onde têm buscado amparo e sustento para o momento delicado de ambos.

— Quer dizer que eles estão atacando o lugar de onde tem vindo auxílio espiritual para eles mesmos?

— Quantas vezes já fizemos isso, não é mesmo?

— Perdoe-me a indiscrição – falei desejoso de obter novos informes sobre o caso –, mas como fica essa situação aqui no centro que frequentam no mundo físico?

— Ninguém sabe de nada ainda. Há uma desconfiança do envolvimento afetivo de ambos por parte de algumas pessoas. Isso já foi o suficiente para gerar um boato no grupo.

— E alguém do grupo mediúnico desconfia?

— Lembra-se do senhor que teve a visão do escravo? Aquele médium?

— Sim.

— O Mateus não só desconfia, como se encontra muito desconfortável em relação ao tratamento que tem recebido nas reuniões mediúnicas. Sente-se usado e desprestigiado por André e Sabrina.

— Deve perceber a energia dos dois.

— Eis um ponto de fundamental importância nos grupamentos, meu caro José Mário. O campo energético fala, tem linguagem própria e é capaz de edificar ou destruir mais do que a própria palavra e atitude. Aliás, poderíamos dizer que palavra e atitude são precedidas pelo teor energético que foi assimilado e decodificado pelos sentimentos e pelo pensamento. Toda relação cria uma aura própria. E toda aura, um cordão com cor, espessura, qualidade moral e cargas específicas. A aura de Sabrina e André, neste momento, está infestando a psicosfera da casa com criações parasitárias.

Se considerarmos o centro espírita como um canteiro de serviço, podemos afirmar que, neste instante, a sementeira por aqui anda ameaçada por chuvas tóxicas, que vão tornando o terreno árido e infrutífero para o cultivo promissor. O campo energético do grupo está ameaçado e adoecido.

E como acontece em muitas equipes de serviço espírita, atribuem tudo a influências de inimigos espirituais, sem considerarem a responsabilidade de suas ações pessoais no teor do clima por eles mesmo criado.

Que dizer do trabalhador imprevidente, que descuida da lavoura e quer responsabilizar a natureza pelos prejuízos em seu campo?

Você viu qual foi a interpretação do casal para a vidência mediúnica de seu companheiro de tarefa. Uma visão distorcida e carregada de preconceito. Avaliaram a filtragem conforme seus pontos de vista.

— E o que aconteceu, na verdade? O médium Mateus captou aquela informação de quem?

— Não é de quem, é de onde.

— Como?

— Com a conversa infeliz, antes da mediúnica, conectaram seu campo mental à aura do Servidores da Luz e também a Antonino. A mente estabelece esses laços e os interrompe com mais constância do que se pode imaginar, criando uma performance de relações mentais que agem, reagem e interagem de conformidade com leis e princípios da natureza nos domínios da mentação e do magnetismo. A fala enfermiça de ambos os ligou à realidade mental da qual falavam e trouxeram isso de forma exacerbada para dentro da reunião no seu campo mental, influindo sobre os demais médiuns.

— E não tinha um espírito sequer conectado a essa faixa de pensamentos?

— A não ser nós, as duas senhoras e os benfeitores desta casa, que são nossos amigos, todos pensando com elevação sobre todos os assuntos mencionados por nossos irmãos. Nenhuma entidade com propósitos inferiores penetrou nesta casa de orações nesse exato momento.

— Tudo em torno do campo energético?

— Que em muitas situações tem influência muito maior que quaisquer entidades espirituais que se comunicam. Mesmo havendo ali alguns corações que seriam beneficiados pela luz do serviço mediúnico, não interferiram no episódio. Esse grupo vive um momento de definições na sua forma de relacionar.

— Parece-me até que há mais riscos nessa parte não explícita do grupo do que naquilo que é visto e comunicado verbalmente.

— Não tenha dúvida, José Mário. Em todos os tempos, as relações humanas foram mais prejudicadas pelo que fica oculto, subliminar. Muito mais grave é o que não se diz do que aquilo que se manifesta. Essa a razão da advertência evangélica em Mateus, capítulo 5, versículo 37: "Seja, porém, o vosso falar: Sim, sim; Não, não; porque o que passa disto é de procedência maligna". O piso energético de um centro espírita é determinado por vários fatores, tais como o contexto físico onde se localiza, os tipos de tarefa que realiza, a natureza moral das pessoas que o frequentam, a estrutura espiritual que é erguida no astral e alguns outros pontos de menor influência. No entanto, é a convivência dos trabalhadores, aqueles que criam o dinamismo para existência dela, que constitui o fator mais determinante para a formação da aura coletiva do grupo.

— Meu Deus, que surpreendente! Sempre entendi o centro espírita como um templo purificado e completamente livre dessas condições.

— É como a maioria enxerga no mundo físico. Uma visão distante da realidade. Muitos acreditam que o ambiente dos centros é um lugar de vibrações elevadas, supondo ali encontrar um templo de pureza energética. Ao contrário, lá é um pronto-socorro ativo e repleto de necessidades. Não é o céu que muitos supõem. É o hospital da alma atormentada e carente, sofrida e desorientada. Mesmo sem a presença dos encarnados, é um ambiente de muito movimento, socorro e serviço libertador.

— Que concepção diferente!

— Imagine o centro espírita como uma teia de aranha. Os fios representam o seu campo energético e os trabalhadores. Mesmo estando longe do núcleo dessa teia, em lugares distantes e diferentes, o trabalhador se mantém debaixo da influência desse contexto. Quando todos se encontram em seu ponto central, no meio da teia, representado pela casa espírita, todo o potencial energético se amplia nas relações desse grupo, repercutindo com toda sua intensidade, e isso alimenta o campo astral dos elementos que se qualificam pelo trabalho, formando o teor moral da teia.

— E o que fazer diante desse quadro para que a qualidade desse campo seja elevada, Cornelius?

— Cultivar a honestidade emocional nos relacionamentos. Construir relacionamentos cristãos e sadios.

Penetramos a era da maioridade do espiritismo.

Segundo doutor Bezerra de Menezes,[2] estamos no terceiro ciclo de setenta anos do planejamento do Espírito Verdade para a consolidação das ideias espíritas no planeta com funções de educação espiritual e progresso dos povos.

Tivemos os dois primeiros ciclos com foco prioritário na formação dos alicerces filosóficos da doutrina e na sua prática organizada dentro das casas doutrinárias. Prevaleceu, então, o valor conceitual do espiritismo, seus princípios e as bases que formaram o desenvolvimento da cultura doutrinária, e também o trabalho de caridade em favor do próximo.

Entretanto, em razão das nossas antigas ilusões religiosas, o amor ao espiritismo dissociado do amor na convivência trouxe graves questões para a comunidade. Amar a doutrina e comportar-se de forma antifraterna com aqueles que a entendem de forma diversa passou a ser uma manifestação clara do orgulho e do interesse pessoal que ainda domina nossos hábitos e sentimentos.

O desafio do amor, nesse período de maioridade das ideias espíritas, é a sua aplicação na convivência com os diferentes e suas diferenças peculiares.

---
[2] Referente à mensagem Atitude de Amor, no livro *Seara bendita*, Editora Dufaux.

Não é o amor ao próximo, com o qual temos contato apenas por algumas horas nas tarefas de doação e esclarecimento, que qualifica o campo de energia de um grupo. Contato é diferente de convivência. No contato existem encontros superficiais e sem condições para construir uma relação de afeto mais profunda. Na convivência existem compartilhamentos, trocas, perdas e ganhos orientados por laços afetivos, percepções, conflitos, alegrias, motivações, desentendimentos e recompensas.

Essa teia de convivência no centro espírita, quando é construída com lealdade, clareza de propósitos expressos, diálogo mantenedor, sinceridade edificante e objetivos nobres, desenvolve a honestidade emocional entre os membros, permitindo relações sadias, que promovem campos energéticos fortes, protetores e acolhedores.

Aqui nesta casa, lamentavelmente, José Mário, estamos assistindo ao início das desventuras e lutas que foram enfrentadas pelo Grupo X.

— A história se repete. Os trabalhadores, em vez de serem os cooperadores efetivos no trabalho, em muitos casos estão é dando trabalho.

— Isso ainda se repetirá muitas vezes, meu irmão, até depurarmos nosso conceito de amor, subtraindo as ilusões que magoam e erguendo, paulatinamente, um conceito de amor pautado na realidade que cura e liberta.

— E por agora, o que fazer em favor de nossos irmãos?

— Nessas horas, o centro espírita assemelha-se a um hospital em tempo de guerra. Estão todos desgastados com o confronto e com o clima que exaure. Nós intensificamos nossos esforços de amparo para minimizar os efeitos indesejáveis da convivência infeliz. Atualmente, o médium Mateus cumpre o papel de saneador das manifestações enfermiças do casal. Ele é nosso batedor vibratório. Aquilo que pesa demais nas fibras energéticas do grupo é literalmente jogado nele, que, por se encontrar em melhores condições íntimas, e com larga disposição de servir, tem colocado o trabalho e amor acima de quaisquer conjecturas.

— Batedor?

— Sobre ele está recaindo uma parcela expressiva das criações mentais enfermiças de Sabrina e André, e até mesmo de algumas atividades do grupo. Com rara facilidade, ele transforma essa matéria contaminada em elementos naturais sadios e úteis.

— Ele autorizou essa medida ou isso funciona independentemente de sua vontade?

— Fora do corpo, Mateus foi advertido sobre a gravidade do momento do grupo e acatou, por vontade própria, a condição a ele conferida. Ele, raramente, consegue retirar de sua vida mental as palavras do casal nas últimas tarefas de intercâmbio mediúnico. Apenas segue sua intuição de que algo maior está acontecendo no grupo e tem percepções claras de nossas ações em favor de ambos.

— E como ele se sente diante disso?

— Não tem sido fácil para ele. Está um tanto confuso sobre seus sentimentos. Ora desconfia de Sabrina e André, ora imagina que eles são muitos corajosos em enfrentar o que enfrentam. Ele capta todo o material sombrio que se acumula em forma de culpa, tormenta e angústia da dupla adoecida. O objetivo é limpá-los dessas excrescências e chamá-los a novas atitudes. Dentro dessa teia energética, o papel de Mateus é o de um saneador de arrimo, porque sustenta uma parte importante da corrente astral desta casa e, sob supervisão de técnicos experimentados, faz uma assepsia na aura coletiva do grupo. Compreendeu, José Mário?

— Creio que sim – respondi com mais dúvidas do que satisfeito com as respostas sábias de Cornelius.

Nossa participação naquela casa havia se encerrado. E como se não bastassem as infinitas lições ali recebidas, quando saímos pelas portas dos fundos vi algo inusitado.

Havia uma casinha de cachorro de alvenaria. No plano físico, estava abandonada. Em nosso plano, porém, havia uma cópia idêntica daquela construção toda iluminada por uma luz vermelha. Dois homens sisudos estavam em pé na condição de vigias. Passamos sem que eles nos vissem, em faixa vibratória diversa da deles. Cornelius parou por um instante e apontou lá para dentro. Olhei com atenção e constatei: era um vibrião dentro de uma gaiola com um selo dos dragões estampado na portinhola.

Compreendi que, além dos fatores descritos por Cornelius a respeito do campo energético daquele grupo, a casa já se encontrava a caminho do sitiamento.[3] A aura coletiva do grupo já estava contaminada pela sede de poder e por embates que não constituem nosso objetivo nestes textos.

Resumindo, revia ali o início dos fatos que desenrolaram todos os acontecimentos na história do Grupo X.

Minhas lembranças foram longe e pude entender melhor, naquela agremiação doutrinária, a explicação de *O livro dos médiuns*:

---

[3] Sitiar significa cercar, pressionar e coagir. Esta palavra é usada em casos de domínio de lugares ou pessoas pela falange dos dragões. Informações mais detalhadas sobre sitiamento de centros espíritas são examinadas nas duas obras anteriores desta trilogia *Quem sabe pode muito*. *Quem ama pode mais* e *Quem perdoa liberta*.

"Assim como há Espíritos protetores das associações, das cidades e dos povos, Espíritos malfeitores se ligam aos grupos, do mesmo modo que aos indivíduos. Ligam-se, primeiramente, aos mais fracos, aos mais acessíveis, procurando fazê-los seus instrumentos e gradativamente vão envolvendo os conjuntos, por isso que tanto mais prazer maligno experimentam, quanto maior é o número dos que lhes caem sob o jugo."

Na ala dos médiuns em recuperação

"*A faculdade lhes é concedida, porque precisam dela para se melhorarem, para ficarem em condições de receber bons ensinamentos. Se não aproveitam da concessão, sofrerão as consequências.*"

O livro dos médiuns, capítulo 17, item 220, questão 14.

11

O centro espírita onde militava Janice foi outro campo de vasto aprendizado para meu espírito. Fez-me recordar, com minúcias, as duras provas da convivência do Grupo X. Poderia, sem dúvida, afirmar que ali se repetiam as mesmas lições e desafios da convivência.

Entretanto, foi nas atividades noturnas no Centro Espírita Servidores da Luz e na Tenda Umbandista Pai João de Angola que meu coração se preencheu de luz e verdade, ampliando meu sentimento cristão.

Em cada noite de socorros e orações, minhas perspectivas se ampliavam acerca da bênção da mediunidade, derramando ondas de misericórdia e amor sobre o povo em sofrimento. Inúmeras almas tinham suas dores suavizadas pela palavra amiga dos benfeitores e pela limpeza de suas cargas sombrias.

Eram como a Casa do Caminho dos tempos atuais...

Nos dois núcleos de trabalho se verificava o que poderíamos chamar de mediunidade social, um extenso laço entre o povo e os espíritos. Um vínculo libertador entre a dor de muitos e as fontes sagradas e curativas da imortalidade da alma. As pessoas, em ambas as casas, dilatavam o contato com as almas do além, seu patrimônio de fé e esperança em Deus e na vida.

Sentia naquelas casas a presença de Jesus, como poucas vezes tive oportunidade de sentir. O trabalho realizado com simplicidade e despretensão criava um clima de bonança e enlevo espiritual contagiante.

Luzes jorravam de planos mais altos, deixando notas claras a respeito de como os espíritos superiores acreditavam nas iniciativas benfazejas daqueles grupos de amor. Tivemos notícias de que João, o discípulo amado do Cristo, e Estêvão[1] derramam suas bênçãos luminosas sobre as agremiações e que, ocasionalmente, visitavam aqueles templos de caridade e bênçãos em companhia de Maria de Nazaré.

As diferenças entre os que serviam ao bem no ambiente espiritual daqueles lugares simplesmente desapareciam ao toque do amor que irradiava do coração de todos os presentes.

Desde então, passei a estudar com mais afinco o trabalho dos médiuns saneadores.

Minhas noções sobre mediunidade de parceria e educação mediúnica dilataram-se sobremaneira.

Noite após noite, acompanhei dona Modesta e sua equipe na assistência ao lar de Janice, mãe de Felício. As notícias eram muito auspiciosas. Os índios e soldados exus fizeram uma profunda varredura astral, contando com os recursos da tarefa no centro espírita. O lar de Janice estava intacto.

---

[1] Personagem da obra *Paulo e Estêvão*, recebida pela psicografia de Chico Xavier.

Depois de algumas semanas dessa limpeza, em uma manhã, no Hospital Esperança, dona Modesta nos reuniu para organizar as tarefas diuturnas e comunicou:

— Amigos, Deus abençoe nossas ações de hoje. Ainda ontem, recebi de nosso diretor, Eurípedes Barsanulfo, a autorização para reacoplar o perispírito de Felício ao seu corpo.

Após dias de cuidados com seus órgãos vitais no hospital no Rio de Janeiro, a equipe que monitora suas condições orgânicas nos deu auspiciosas notícias de recuperação. Ele já havia sido transferido para um leito semi-intensivo.

Cabe-nos esclarecer que intercessões de dilatado amor foram feitas por nosso querido doutor Bezerra de Menezes, atendendo aos pedidos de Janice, mãe zelosa de Felício. Nem todos em nosso grupo sabem, mas Janice é uma obreira do bem nas fileiras espíritas. Felício, embora seus desvios de conduta na profissão, foi igualmente patrono e provedor das obras sociais a que se consagra sua mãe.

Chega, pois, o momento de abrir os olhos dessa alma descuidada para os compromissos que o aguardam. Felício, na matéria, terá sua última oportunidade redentora de quitar velhos compromissos espirituais. Suas peripécias na França de Catarina de Médicis, assumindo severos e cruéis débitos com o povo sob influência dos Valois, é conta que não pode mais ser adiada.

A comunidade onde foi construída a casa espírita de que participa Janice é uma extensão da sementeira de ilusão plantada por Felício. Lá se encontram reencarnados muitos dos quais foram por ele prejudicados em tempo idos.

Doutor Bezerra avalizou o seu arrependimento sincero antes do renascimento na matéria e deposita vasta esperança de sua recuperação espiritual, após esse incidente, no qual se envolveu com facções criminosas.

Temos ordens definitivas em relação ao trabalho de proteção e socorro em torno dos passos de Janice e Felício, visando a um futuro glorioso.

Tão logo tomarmos as primeiras providências para o reacoplamento, seu corpo mental aprisionado dará sinais claros de desmaterialização[2] no cemitério de gavetas. Zenon, o vigia, vai aparecer fazendo suas costumeiras chantagens. É nosso desejo levá-lo à companhia de nosso diretor, que pretende oferecer-lhe uma oportunidade irrecusável de mudança em sua vida. Se tudo sair como esperado, poderemos contar com Zenon em nossas ações de serviço, mesmo que não deseje se desfiliar da organização dos Dragões.

Doutor Bezerra pediu-nos, também, que ele próprio reintegrasse Felício ao corpo, abençoando o que poderíamos chamar de seu segundo renascimento em uma mesma reencarnação.

Ainda hoje à noite deslocaremos o corpo espiritual de Felício das câmaras de refazimento para a Tenda Umbandista Pai João de Angola. Lá mesmo, o próprio doutor Bezerra fará o restante.

É a vida triunfando sobre a morte. A luz jorrando incessante e dissipando as trevas.

Voltem, portanto, aos seus afazeres e nos preparemos para que Deus coroe de êxito nossas iniciativas. Há um prenúncio muito otimista em relação ao futuro deste caso.

---

2 Nota do autor espiritual: pela falta de termo mais apropriado sobre o mecanismo que se opera no corpo mental em tais condições, usaremos a palavra que torna mais compreensível a ocorrência.

Após o comunicado de dona Modesta, retomamos, cada qual, nossa rotina de deveres.

Naquele dia, faria minha primeira visita à ala dos médiuns sob os cuidados do doutor Inácio Ferreira.

Bem cedo, apresentei-me a Cornelius, que me deixou em companhia de alguns amigos do doutor Inácio. Ele ainda não havia chegado à ala para suas costumeiras visitas matinais.

Era um salão enorme. Contava mais de trezentos leitos. Uma enfermaria coletiva. Fui apresentado a um trabalhador muito gentil chamado Augusto, e indaguei:

— Doutor Inácio toma conta de toda essa enfermaria?

— Não só desta enfermaria, mas de toda esta ala, que congrega as câmaras de refazimento, o educandário e as salas de experimentações. Aqui temos uma sequência de atividades que obedecem às necessidades individuais, cumprindo as funções de hospital, bloco cirúrgico, escola e trabalho, respectivamente.

— E como os médiuns costumam chegar aqui?

— Raramente deixam de passar por esta enfermaria, onde recebem os primeiros socorros. A maioria deles chega muito atordoada. O médium é um ser em adaptação contínua. A palavra estabilidade, para o médium, tem conotações muito diversas. Portanto, se para a maioria morrer significa se adaptar, imagine para quem já vivia esse dinamismo como sendo a rotina de seu movimento mental!

— E qual é seu papel aqui? – indaguei, já guardando enorme interesse em saber se poderia algo realizar naquele ambiente de recuperação.

— Sou um auxiliar de enfermagem. Faço serviço simples de arrumação e higiene. Também fui médium e cheguei aqui com largas necessidades, há alguns anos. Em verdade, trabalho por minha própria recuperação.

— Qual de nós, Augusto, não está aqui nessa condição, não é mesmo?

— Sim, José Mário. Você tem toda a razão.

— E você poderia me falar um pouco sobre o que costuma acontecer aos médiuns para chegarem aqui desse modo?

— A grande maioria dos que aqui se encontram já guardava laços com o Hospital Esperança antes mesmo de renascer médium. Quase sempre são espíritos socorridos em ambientes de sombra e dor, nas regiões astrais inferiores. Muitos, inclusive, internados em câmaras mais especializadas, em razão da gravidade de seus casos, levaram para o mundo físico deveres coletivos com a mediunidade. Os casos mais comuns de se observar por aqui, apesar das características essencialmente pertinentes a cada caso, são resultados de condutas invigilantes e mediunidade reprimida. Costumamos dizer que dois quadros básicos atingem muitos médiuns da Doutrina Espírita: existem os que perseveram com tenacidade e os que abandonam irresponsavelmente a tarefa. Ambos, embora em situações diametralmente opostas, adoecem pelo mesmo motivo: orgulho. Os que persistem, pelo orgulho de se suporem especiais, e os que abandonam, pelo orgulho de não desejarem ser avaliados e apresentarem muito medo do serviço a ser feito.

Parece que são os velhos problemas da mediunidade!

— São os velhos problemas do servidor de Jesus. Alguns querem todas as glórias por estarem servindo; outros largam tudo se não as tem. *O livro dos médiuns* é muito claro:

"A faculdade lhes é concedida, porque precisam dela para se melhorarem, para ficarem em condições de receber bons ensinamentos. Se não aproveitam da concessão, sofrerão as consequências".

Ainda vigora em nossa vida mental uma cultura muito lastimável, de que ser médium é ser missionário, e a cabeça se entorpece com essa noção.

Grande distância vai entre a mediunidade que é uma missão e a postura pessoal de missionário, que significa viver incondicionalmente o sacerdócio mediúnico.

Eu mesmo cheguei aqui com um conceito extremamente rígido a respeito do assunto. Saí do corpo supondo ser um grande servidor de Jesus. Por mais de quatro décadas, mantive fidelidade à mediunidade, e cheguei aqui como um atormentado mental, sem saber até mesmo para onde me locomover.

— Eu estaria sendo indiscreto, se pedisse para me ensinar um pouco com sua experiência? – perguntei completamente tomado pelo desejo sincero de ouvir o caso de Augusto.

— Absolutamente, meu amigo. Não tenho o que esconder mais. Sinto-me como alguém em recomeço, cansei de carregar o pesado fardo da hipocrisia e do orgulho.

Eu fiz a mesma trajetória de muitos médiuns. Fundei um centro por orientação espiritual. Ergui uma obra social que atraiu multidões. E, conquanto fosse um grupo pequeno, excedia na quantidade de atividades diárias e noturnas.

Fui um monopolizador, considerado o médium principal da casa, título que aceitava com senso de justiça e muito orgulho. O tempo e meu descuido se incumbiram de cristalizar em minha mente a imagem superdimensionada de minha ilusória importância pessoal. Você pode não acreditar, mas era tão grande o rigor de minhas iniciativas, que até a troca de uma singela lâmpada no centro espírita passava pela aprovação do mundo espiritual. A diretoria da Casa só poderia ser escolhida por meu mentor, assim como todos os tarefeiros. Chegamos a um nível tão rigoroso de misticismo em relação às questões da mediunidade, que adotamos uma cabine especial de limpeza na entrada do centro espírita, pela qual todo aquele que desejasse entrar nas dependências da casa era obrigado a passar. Somente eu tinha permissão para passar direto.

Fomos criando costumes avalizados pela espiritualidade, assim imaginávamos! Tratávamos nossa casa espírita com tamanha devoção que nos entregamos nos braços do puritanismo.

Mas, para mim, tudo isso não traria problemas de vulto se na vida pessoal eu não confundisse tanto mediunidade com vida emocional.

No lar, diante dos dissabores, sempre enxergava a presença espiritual. No desânimo, sempre explicava esse estado emocional com o assédio vindo de fora. Na profissão, a inveja alheia era analisada, por mim, como pressão espiritual contra a minha importância na tarefa do bem.

Transformei-me em um fanático com o verniz do avanço espiritual. Era mais temido que respeitado pelos familiares, colegas e companheiros de tarefa.

Não suportava crítica de espécie alguma. Não aceitava reflexões em tono das minhas produções mediúnicas. E todos os que se encorajavam em me questionar, logo os meus mentores me defendiam.

Evidentemente, ao longo da caminhada, tornei-me alvo da mistificação.

Estou hoje realizando alguns pequenos deveres no intuito de diminuir meu orgulho desenfreado. Ao ouvir as histórias dos médiuns aqui internados, vejo-me em todos eles e, paulatinamente, vou me olhando no espelho da consciência.

Continuo médium aqui no hospital, mas em condição excepcionalmente diversa. Fui educado em contínuos exercícios para equilibrar segurança mediúnica com o desejo sincero de ser examinado naquilo que intermedeio.

— Augusto, eu não quero constrangê-lo. Agradeço suas informações – externei com sinceridade, mas ainda desejoso de aprender mais sobre o caso daquele médium.

— José Mário, falar de mim hoje, adotando a condição de quem necessita recomeçar o caminho, me alivia. É um santo remédio.

— Compreendo!

— Fiz parte daqueles que perseveram, mas cheguei aqui tão igual ou até pior que muitos daqueles que abandonaram.

— Posso lhe dirigir uma questão a mais?

— Fique totalmente à vontade.

— Você teve a oportunidade de passar, no mundo físico, pela preparação por meio da educação mediúnica?

— Não. Não sou desse tempo. Desencarnei no ano 2000. Comecei na mediunidade num tempo em que ainda não havia tais propostas de modo mais organizado. Por assim dizer, faço parte dos grupos de médiuns que apresentavam como divisa a fé e a boa-vontade.

— E aqui no hospital, você já tomou contato com essa iniciativa?

— Sim, estou matriculado no educandário, sob os cuidados do doutor Inácio. Estou investindo neste preparo. Está sendo muito valoroso no processo de reciclagem de conceitos. Futuramente, ingressarei nas tarefas mediúnicas aqui mesmo no Hospital Esperança e, igualmente, nas visitações ao mundo físico.

— Você, então, ainda não teve a oportunidade de fazer visitas às mediúnicas no mundo físico?

— Foi-me recomendada completa distância dos serviços terrenos durante um tempo considerável, a fim de me esvaziar completamente dos clichês mentais que criei.

— Que bênção a orientação que lhe deram! Tenho feito visitas ao mundo físico, e sei como tais clichês podem nos causar prejuízos. Passo, atualmente, por uma profunda renovação de conceitos a respeito do intercâmbio mediúnico cada vez que vou às reuniões mediúnicas no mundo físico. Fui dirigente de reuniões mediúnicas durante décadas. Tive oportunidade de integrar a safra de pensadores que focavam nesse preparo dos médiuns com rigores na educação mediúnica.

— Eu entendo sua vivência. Cada qual no seu aprendizado!

— Você pode me dizer se temos aqui médiuns que partilharam experiências dessa ordem no campo da educação mediúnica?

— Temos muitos. Gostaria de conhecer Celia? Veja, ela está logo ali naquele leito – e apontou na direção de um dos leitos, a uns 10 metros de nós.

— Poderia?

— Vamos até lá, aproveitando que ela está acordada e enquanto não chega o doutor Inácio.

Chegamos perto do leito e vi uma mulher de uns sessenta anos. Esguia, com um olhar tétrico, que me causou pavor.

— Bom dia, Célia – cumprimentou Augusto cordialmente.

— Bom dia para quem? – respondeu ela em um profundo mau humor.

— Bom dia para todos nós, minha amiga.

— Eu não quero intimidades com você. Acaso está interessado em mim?

— Célia, não me reconhece?

— Claro que sim, você é meu mentor.

— Amiga, sou Augusto, o enfermeiro.

— Nada disso, você está disfarçado. Eu quero falar com doutor Bezerra e quero notícias do meu centro espírita.

— Célia, Célia, fique tranquila tudo vai se organizar a seu tempo! Olhe aqui, eu trouxe um amigo para conhecê-la.

— Quem é esse aí com cara de médico? – E me olhou de forma depreciativa.

— É o amigo José Mário. Também participa das atividades aqui no hospital.

— O senhor é médico?

— Não, minha irmã, sou um colaborador.

— Colabora em quê?

— Estou aprendendo um pouco mais sobre mediunidade aqui nesta enfermaria.

— Ah, sim. Eu posso lhe ensinar muita coisa. Pegue uma cadeira e sente-se aí para conversarmos.

Diante da proposta, olhei para Augusto suplicando uma resposta.

— Agora não, Célia – intercedeu novamente o enfermeiro com bom humor. Temos algumas visitas a fazer.

— Já vão embora? Não querem aprender nada sobre médiuns, não é?

— Fique com Deus, minha amiga – e saímos educadamente.

— Desculpe, José Mário, eu não tinha noção de como ela acordou hoje. Está impossível qualquer diálogo.

— E o que ela tem?

— Mediunidade reprimida. Durante a juventude, filiou-se às tarefas da casa espírita fundada pelo pai, em São Paulo. Foi médium de cura durante duas preciosas décadas. Depois, envolveu-se com um homem de posses, que dela se enamorou. Ele, porém, não aceitava as diretrizes espíritas e recriminou sua participação, impondo como condição para a continuidade do relacionamento que ela abandonasse tudo. Célia assim o fez, alegando afastamento temporário. Passaram dez anos distantes das atividades espirituais, e seu marido sofreu uma doença arrasadora. Regressaram, ambos, ao centro espírita onde ela desenvolveu seus potenciais mediúnicos, requisitando privilégios e lugar na tarefa, além de socorro especial ao marido. Surgiram conflitos e desgastes que duraram anos na casa espírita. Em meio a tanto embate, tanto o marido quanto o pai de Célia, ambos por questões de saúde, regressaram ao mundo espiritual em datas próximas. Em plena meia-idade, sozinha e infeliz, Célia se fechou para a vida. Acusou os trabalhadores do centro de não salvar nem dar oportunidade para curar os seus dois amores, o pai e o marido. Teve uma velhice apática, solitária e dotada de venenoso mau humor. Fala da mediunidade como se fosse letrada no assunto. Deseja ensinar a todos o que ela não conseguiu realizar. Fez parte do grupo daqueles que sempre encontram motivos supostamente justos para explicar seu afastamento do serviço com Jesus. Não fizeram da mediunidade um projeto de vida, e sim um compromisso pesado do qual deveriam se desonerar. Fiz parte do mesmo grupo, permanecendo nas atividades por longo tempo. Somos aqueles médiuns que sempre encontramos fora de nós, no excesso de senso místico, as causas para os problemas que são nossos e que atribuímos à faculdade mediúnica. Célia é uma médium saneadora que não exerceu suas funções.

— E como a educação mediúnica dela interferiu nesse processo? Não consegui entender!

— Foi orientada em um grupo espírita muito estudioso e cauteloso com as questões do intercâmbio espiritual. Passou pela excitação do psiquismo com os exercícios mediúnicos dissociados do exame honesto dos sentimentos. Essa experiência vivida dessa forma desenvolve o mentalismo, uma atividade mental muito acentuada que contempla muito pouco o emocional do médium. E exercícios mentais desacompanhados de exercícios afetivos quase sempre redundam em prejuízo na estrutura psíquica do médium. Era um grupo muito culto e com traços marcantes de intelectualismo. Essa condição incentivou essa experiência que, para alguns corações, é de uma riqueza essencial para o equilíbrio e a reorganização interior, mas para médiuns como Célia podem se converter em fonte de desânimo e frustração. Não foi por outra razão que, ao ser pressionada pelo companheiro afetivo, descuidadamente não pensou duas vezes antes de largar tudo. Em verdade, é difícil um médium saneador se ajustar a tarefas com essa característica.

— Nunca havia pensado nisso. Educação mediúnica causando alterações psíquicas.

— O intercâmbio mediúnico é, na verdade, um laboratório de experiências psíquicas. Por essa razão, a renovação moral por meio da vivência do amor constitui o mais precioso ingrediente de segurança e êxito para tais iniciativas.

O enfermeiro mal acabou de falar, e uma cena inusitada ocorreu.

Passaram por nós dois auxiliares e uma senhora idosa empurrando uma maca, na qual havia uma moça que ria descontroladamente. As gargalhadas trouxeram algo à minha memória. Olhei atentamente para ela e constatei: era a enfermeira que foi atendida no Centro Espírita Servidores da Luz. Era a mesma gargalhada estridente que deu ao sair do corpo durante o atendimento feito por Antonino.

Augusto, percebendo meu olhar, indagou:

— Você a conhece?

— Sim, falei meio em sobressalto. Ela estava em um atendimento na casa espírita na qual estamos atuando em alguns casos.

— Essa é Adélia, médium que tem recebido benefícios de nossa ala a pedido daquela senhora que empurra a maca, chamada Anita, sua avó.

— Mas, a essa hora do dia, por que ela está aqui em desdobramento? – supus algum acontecimento com doença.

— Ela trabalha à noite. Neste momento, está em desdobramento pelo sono. Passou a ser uma rotina. Dia sim, dia não, aqui está ela.

— Meu Deus! Do que se trata um caso deste? Assim como ocorreu no centro espírita, ela me parece em franca perturbação.

— E está! Vai ter essa crise de riso por horas e depois se acalmará. Médium saneadora longe da tarefa.

— Imaginei que fosse esse o quadro!

— É o resultado do descuido.

— Mas ela foi convidada a participar do preparo mediúnico. Será que ela não tomou as iniciativas para tal? Nas últimas semanas, regressando ao Servidores da Luz, não me lembro de tê-la visto por lá.

— Ela não voltou ao centro espírita. Já temos uma ficha de Adélia por aqui. Continua envolta na preguiça e na descrença com seus deveres espirituais. Podemos dizer que, para os olhos humanos, ela é uma enfermeira calada e discreta, e por dentro é uma jovem enlouquecida lutando para ficar de pé.

— É também um caso de mediunidade reprimida?

— Seria mais correto dizer eclosão mediúnica. O termo mediunidade reprimida é mais apropriado para quem já exprimiu a força mediúnica e veio, depois, a tolhê-la. Adélia já é muito querida de nosso coração. Quando se equilibrar, será uma ótima médium para você conversar. Sua avó guarda laços afetivos muito consistentes aqui no hospital. Trabalham visando a um futuro de bênçãos para ela. Ela nunca experimentou a alegria do intercâmbio com nosso plano.

— Seria impróprio denominar seu quadro como loucura?

— Loucura controlada. Deus sabe lá até quando!

— E desde quando ela se comporta assim?

— Renasceu assim.

— Renasceu médium?

— Não, renasceu doente. A mediunidade cumpre a função de remédio libertador da doença a ela pertinente.

— Sempre me intrigou essa relação mediunidade e loucura.

— De fato, há uma íntima correlação. Você quer acompanhar o tratamento de Adélia?

— Podemos?

— Perfeitamente – antes de sairmos, porém, Augusto, muito atenciosamente, deixou um recado para o doutor Inácio, caso ele chegasse durante sua ausência.

Passamos por diversos leitos e corredores, até chegar a uma enfermaria de urgência. A maca de Adélia foi devidamente colocada atrás de um biombo.

As gargalhadas continuavam cada vez mais estridentes. Ela tinha um olhar que nos varava. Era um olhar de alheamento total. Atemorizava o magnetismo por ela emanado.

Um médico, que demonstrou já conhecer o caso, cumprimentou-nos gentilmente e aplicou um potente sedativo em Adélia. Em poucos segundos, ela dava sinais de aquietamento, mas não desfaleceu completamente. Seu olhar, ainda com aquela energia constrangedora, parecia paralisado, os olhos se fecharam pela metade.

Somente então, o médico autorizou os colaboradores a ligar os aparelhos, que eram muito similares aos ecocardiógrafos do mundo físico, com a diferença de que os fios eram mangueiras finas que cumpriam a função de sucção. Nove dutos foram cuidadosamente conectados na cabeça da enfermeira. Sugavam a matéria tóxica que se alojava nas adjacências do perispírito. Um recipiente que recebia aquela matéria rapidamente se encheu, e outro foi colocado em seu lugar. Pelo menos quatro potes daqueles, do tamanho de um copo de vidro, ficaram repletos daquela substância meio gelatinosa e de cor esverdeada. O odor era bastante similar ao do enxofre do mundo físico. Máscaras nos foram oferecidas pelos cooperadores.

O trabalho feito com esmero e atenção deixava claro o amor daqueles servidores do bem.

Adélia, por fim, adormeceu e depois de algumas horas seria reacoplada ao corpo físico.

Após as medidas benfazejas, regressamos, Augusto e eu, ao posto de onde saímos. Doutor Inácio, naquela manhã, estava atrasado, e com isso nos sobrou mais alguns instantes para a troca de conhecimentos. No caminho até o posto fomos dialogando.

— Adélia recebe esse tipo de tratamento todos os dias?

— Periodicamente fazemos essa limpeza mais profunda. Na maioria das vezes, basta o sedativo e ela se aquieta.

— Eu fico imaginando quantos médiuns passam por tratamento similar.

— De fato, José Mário, nossa ala de enfermagem espiritual já tem serviços especializados para médiuns que renasceram e ainda não se ajustaram aos serviços da mediunidade, e igualmente para aqueles que relaxaram em seus compromissos, vindo, inclusive, a abandoná-los.

Quando estava prestes a formular outra pergunta ao novo amigo, fomos colhidos de surpresa com a chegada de doutor Inácio, que me requisitou a companhia.

Não passei trinta minutos ao lado de Augusto, aquele enfermeiro prestimoso e delicado, e mesmo com sua simplicidade ele enriqueceu minha bagagem com lições para a eternidade. Aquela ala era, em verdade, uma escola do Mestre Jesus. Ali podíamos constatar os resultados inevitáveis das nossas plantações espirituais. A colheita que a todos espera. Com toda honestidade de meu coração, tive um desejo insofreável de nunca mais querer sair daquele lugar. Senti-me em casa. Foi um presente espiritual minha permanência naquele ambiente, que me abriria um novo ciclo de experiências com a mediunidade.

Passei dias dividindo minhas tarefas entre a enfermaria dos médiuns e a equipe de dona Modesta nos serviços abençoados nas câmaras de refazimento, sob tutela de Pai Bené e Pai João de Angola.

Tive a oportunidade de ouvir, também, médiuns bem-sucedidos no educandário sob responsabilidade de doutor Inácio. Por lá encontrei Benedita Fernandes[3], Yvonne Pereira[4], Langerton[5] e outros tantos companheiros que fizeram de suas faculdades uma estrada de libertação e cura interior. Tive ensejo de dialogar com médiuns que renasceriam no corpo físico.

Meu aprendizado dilatou-se muito em contato com aqueles corações que se faziam autênticos Servidores da Luz.

Com certeza, a lembrança de Augusto ficaria em meu espírito como registro atemporal, a respeito do que representa ser médium.

---

3 Benedita Fernandes – (1883 - 1947). Nasceu em Campos Novos de Cunha (SP). Transformou-se em pioneira da assistência social espírita em toda a região noroeste do estado de São Paulo ao fundar a Associação das Senhoras Cristãs, em 6/3/1932, em Araçatuba.

4 Yvonne do Amaral Pereira – (1900 - 1984). Foi uma médium brasileira, autora de diversos livros psicografados.

5 Langerton Neves da Cunha – (1929 - 2003). Nasceu em Jubaí (MG). Sempre esteve às voltas com as plantas e a mediunidade. Com um conhecimento acentuado sobre plantas, princípios ativos e suas aplicações, era frequentemente procurado e se correspondia com inúmeras pessoas no Brasil e no exterior.

Am dus et aut aute nus molum quossequam, sa voluptatur aut molor sim sime eumqui odicil in re vollias itatati aborem que pelit ad magnimust, sed ut enisita nos is quatis eatur, tem qui volores torent abori adis qui doluptatus ex eic to temporp orrovit plit ut officius earit quam, unt est, ullanti orerovi tatiis experum quuntore v

O triunfo dos Servidores da Luz

"*Médiuns suscetíveis: variedade dos médiuns orgulhosos, suscetibilizam-se com as críticas de que sejam objeto suas comunicações; zangam-se com a menor contradição e, se mostram o que obtêm, é para que seja admirado e não para que se lhes dê um parecer. Geralmente, tomam aversão às pessoas que os não aplaudem sem restrições e fogem das reuniões onde não possam impor-se e dominar.*"

O livro dos médiuns, capítulo 14, item 196.

12

Voltando a narrativa àquele dia em que conversava com Augusto, doutor Inácio pediu-me que o seguisse, e nos dirigimos para uma área reservada daquela enfermaria de médiuns. Era um pequeno pátio cercado por um vitral adornado de pinturas em florais que permitia pleno contato com o sol e os jardins do hospital. Um local de astral restaurador. Podíamos contemplar, dali, a beleza ímpar dos canteiros bem cuidados e das flores viçosas que mais pareciam peças de arte. Uma vibração musical calmante envolvia a todos.

Um pequeno grupo de trinta pessoas, em círculo, estava reunido à espera do doutor Inácio, que coordenava aquela atividade de grupo terapêutico uma vez por semana.

Logo após nos assentarmos, cumprimentamos todos em silêncio, apenas com gestos cordiais. Um auxiliar colocou suave música no ambiente. Ficamos todos em meditação. Olhava para a fisionomia dos presentes e registrei um peso emocional de tristeza e angústia partindo de seus espíritos. Todos trajavam roupas com o nome do Hospital Esperança, usadas em alas de pacientes mais graves, a fim de serem sempre identificados pelos administradores do local.

Ao terminar a agradável melodia, o psiquiatra uberabense[1] iniciou sua fala:

— Bom dia aos amigos! Vamos nos saudar de pé – e todos foram convidados a se levantar para um abraço afetuoso.

Entretanto, observei que um senhor se manteve assentado, em estado de alheamento ao ambiente, e o doutor Inácio prosseguiu sem nada dizer.

— Quero apresentar a vocês o irmão José Mário, que veio aprender junto a nós – e recebi as boas-vindas de muitos naquela hora. E como estão vocês?

Todos responderam alguma coisa, mas aquele senhor que não se levantou permanecia mudo até que foi instigado pelo médico.

— Silvério, o que está acontecendo? – e foi chamado por umas três vezes até responder.

— O que foi, doutor? – indagou com profunda indiferença.

— O que se passa com você?

— Não tenho motivos para abraços nem para tomar sol. Eu não quero ficar na luz. Quero me esconder.

— Esconder de quê, amigo?

— Da vida.

— E por qual razão?

---

[1] Designação popular quando nos referimos ao doutor Inácio Ferreira, que foi médico psiquiatra em Uberaba.

— Porque não sinto que mereço coisa diferente.

— Esta é a razão de nossas reuniões semanais, e você já sabe muito bem disso.

— Eu sei. Não sinto.

— E o que você deseja?

— Ir embora.

— Hoje, infelizmente, você não está autorizado, meu caro. Durante duas semanas seguidas você foi autorizado a se retirar devido ao seu estado. Por recomendação de seus terapeutas, eu aceitei. Hoje, porém, eles próprios pediram-me para insistir em sua permanência.

— Mas eu não quero!

— Chega de fuga, Silvério. Hora da verdade! – e Silvério olhou vagarosamente para todos no círculo, como se fizesse uma leitura do que estavam sentindo em relação a ele.

— Eu não tenho jeito, doutor!

— Quer que eu o ajude?

— Acho que eu preciso, não é mesmo?

— Então comece falando de si.

— De quê?

— De sua vida mediúnica.

— Qualquer coisa, menos isso, doutor.

— Por qual razão você acha que se encontra aqui?

— Porque estou deprimido.

— Não, Silvério. Você se encontra aqui porque a vida te espera em novos caminhos. A depressão é apenas um estágio que, na verdade, veio para empurrá-lo para a frente. Veio para estimulá-lo a sair desse quadro de remorso indesejável. Fale de si, meu caro. Coragem!

O grupo manteve-se em silêncio absoluto por alguns segundos, e alguém começou a motivá-lo:

— Fale, Silvério! – e todos os participantes repetiram, um a um, a mesma frase, dando uma força ao amigo desanimado.

— Fale, Silvério! – repetiu também o doutor Inácio.

— Falar o que sobre mediunidade, se eu sou um falido?

— Falido? Que expressão! Quem inventou isso? No dicionário de Deus não existe falência, existem resultados.

— Sim, e os meus resultados são os piores possíveis.

— Só pode pensar assim quem tem muita vaidade – instigou doutor Inácio, com veemência e sem rodeios.

— Vaidade? É só isso que ouço a meu respeito!

— Quem tem medo de ser examinado, criticado e avaliado não assume os talentos que possui por pura vaidade, meu caro.

— Talentos? E, porventura, tenho algum talento, doutor?

— Muitos.

— Pois eu nunca vi nenhum.

— Tem muitos, apenas os enterrou.

— Dê-me apenas um exemplo.

— Você foi médium e preferiu ignorar suas faculdades por zelo. Não queria colocar à mostra suas limitações. Adiou compromissos redentores.

— Mas é claro. Fui responsável. A produzir o que os médiuns estão produzindo, preferi ficar distante dessa loucura coletiva.

— E o que os médiuns estão produzindo?

— Supostas verdades que não são comprováveis.

— Com base em que você afirma isso?

— Veja esse movimento trevoso de produção literária que agora surge no movimento espírita. Todo médium que escreve uma página já quer publicar. Uma repetição empobrecida do que produziu Chico Xavier.

— E...

— E nada passou pelo critério das organizações para ser avalizado.

— E... – instigava o doutor Inácio com certa intenção, provocando o sentimento de raiva em Silvério.

— E falta um CUEE no movimento espírita.

— CUEE?

— Sim, Controle Universal do Ensino dos Espíritos.

— E você acha mesmo que o método que Kardec usou há quase dois séculos ainda serve para os dias modernos?

— E não deveria?

— Eu é quem lhe pergunto.

— Acredito que sim. Qual outro meio teríamos para avaliar se o que foi escrito pelos médiuns é ou não verdade?

— Verdade para quem?

— Verdade para quem vai consultar as fontes da Doutrina Espírita.

— E essas pessoas que vão consultar a doutrina, quem são?

— Os que se interessam pelos ensinos da doutrina.

— E você acha mesmo viável estabelecer um limite para essa percepção da verdade?

— Claro que sim.

— Por qual razão?

— Porque o espiritismo é a Verdade!

— Verdade para quem, Silvério?

— A verdade para todos.

— Eis seu ponto de equívoco, meu amigo!

— Equívoco?

— Sim senhor! Equívoco que tem adoecido milhares de seguidores da doutrina.

— Adoecido? Que exagero, doutor Inácio!

— Você se acha doente, Silvério?

— Claro que estou, todavia, não tem nada a ver com o que estamos falando.

— Não mesmo?

— Claro que não!

— Então, vamos ver? O que o levou a abandonar as práticas mediúnicas?

— A inexistência de um grupo sensato e disposto a buscar a verdade.

— Você esteve em vários grupos, e o que aconteceu?

— Gente com fé demais nos espíritos e pouco raciocínio.

— E, enquanto você procurava o grupo perfeito, o que aconteceu com sua mediunidade?

— Eu não procurava grupo perfeito – falou, meio alterado, o médium pela primeira vez, eu procurava um grupo cauteloso e sério.

— E achou?

— Infelizmente, não!

— E enquanto isso, o que você fez?

— Aguardei o tempo.

— E o que aconteceu com o tempo?

— Ah, doutor! Tempo é uma coisa de Deus! – respondeu com voz embargada o médium.

— Coisa de Deus! E você, por acaso, já observou se Deus usa relógio?

— Que pergunta é essa, doutor!

— Que eu saiba, quem usa relógio somos nós. O tempo é algo nosso.

— E o que o senhor quer dizer com isso?

— Eu não quero dizer nada, Silvério. Eu continuo a te perguntar: o que aconteceu com o tempo?

— Passou.

— Passou e...

— Continuo esperando encontrar esse grupo, a fim de não realizar um trabalho qualquer.

— Ah, então você não quer fazer qualquer trabalho!

— Absolutamente. O trabalho do Cristo não comporta meio-termo.

— Comporta o quê, então?

— Consciência, lucidez.

Todo o grupo mantinha-se totalmente concentrado na conversa dos dois. Estavam completamente absorvidos pelo diálogo, demonstrando, na fisionomia, os traços que representavam ora a fala do médico, ora a fala do paciente.

— Você, então, queria perfeição?

— Não, doutor. Queria fazer o meu melhor.

— Para fazer o nosso melhor, Silvério, temos de trabalhar. Você mentalizou muito e não realizou nada. Enterrou seus talentos. Você, na verdade, assim como muitos médiuns, por medo da exposição, por medo da opinião alheia, desviou-se da realização produtiva. E seu medo, que poderia ajudá-lo a ter boas medidas e não partir para o excesso, consorciou-se com sua vaidade, que projetou um serviço que nenhum de nós consegue carregar sobre os ombros. Não podendo alcançar o último degrau da escada de lições da mediunidade, você protelou o serviço de escalar o primeiro degrau. Entretanto, entre o anseio e a realização existem muitos lances a ser galgados nos patamares das experiências da vida mediúnica.

Notei que Silvério não conteve suas lágrimas. Chorava, de forma muito controlada, mas não conseguia evitar que lágrimas expressassem o tamanho de sua dor.

— Só quem serve, Silvério, aprende. Se isso te alivia a dor, fique sabendo que uma geração inteira de médiuns sobre os quais um caudal de esperanças se derramava dos céus, enterrou seus talentos sob o golpe impiedoso da vaidade sutil e do medo paralisante nas últimas décadas da comunidade espírita.

Uma cultura de engessamento e proibição matou os ideais de muitos servidores do bem nas escolas benditas da mediunidade.

E olhe para você, Silvério. O que vê?

— Eu já lhe disse, doutor Inácio, sinto-me um falido! – expressou comovido.

— Mas ainda quer resistir com argumentos que não convencem ninguém, percebeu?

— Estou apenas me explicando diante do seu pedido.

— Não. Você não está explicando nada. Se pudesse, mesmo se sentindo tão infeliz, ainda gostaria de convencer muita gente por aqui a respeito de sua atitude. Estou mentindo?

— Não sei o que dizer, doutor. O senhor está a fim de me ofender?

— O que você acha?

— Parece que está.

— Não, Silvério. Eu falo abertamente para pessoas que não quiseram ouvir o que precisavam enquanto na vida física.

— E de que isso vai adiantar para nós? – perguntou, levantando as mãos e passando o olhar em um por um no grupo, como se desejasse anuência de todos.

— Vai adiantar para quebrar com as ilusões endurecidas que vendam os olhos.

— E de que isso vai nos adiantar?

— Estamos sem leitos no hospital para gente que precisa até mais que vocês.

— Não entendi.

— Estamos precisando dos leitos que vocês estão ocupando. Vocês já podem liberá-los.

— E, então, por que não nos transferem para outro lugar?

— Para onde?

— Não sei. Para um lugar melhor, por exemplo?

— Lugar melhor! E que plano de saúde o senhor tem para ir a um lugar melhor que este?

— O senhor vai brincar uma hora dessas?

— Não estou brincando, amigo. Como você acha que chegou até aqui, Silvério? Quem você acha que intercedeu em seu favor para permanecer nesta enfermaria? Que méritos acredita possuir para ir para um ambiente melhor?

— Doutor Inácio, eu posso ser um falido como médium. Eu aceito isso. Mas fui um servidor do espiritismo.

— Ah, Silvério? Se você soubesse como são adorados muitos servidores do espiritismo lá nas regiões sombrias do umbral!

— O senhor, por favor, me respeite – falou alterado – ou...

— Ou o quê?

— Vou me queixar do senhor?

— A quem?

— Ao presidente deste lugar.

— Você não tem a quem se queixar, meu irmão. Agradeça a Deus por estar neste lugar de esperança, porque muitos que fazem sua trajetória, focados nesse serviço ao espiritismo dos homens, e não do Cristo, adquiriram passagem pelas furnas do submundo astral.

— Eu quero sair deste grupo agora, doutor – falou bem mais irritado e alterando o tom de voz.

— Baixe sua voz, meu irmão, e acorde para sua realidade. É muito fácil ficar fazendo papel doutrinário de falido. É hora de acordar e servir. Servir a Cristo, e não aos homens. Quando você fala que foi um servidor do espiritismo, precisa pensar que sua atitude foi bem similar à de um homem que herdou uma enorme terra para arar e, por medo e vaidade, enterrou as ferramentas e guardou todas as sementes sem nada produzir. Que plantação é essa na qual você aposenta a enxada e não deposita a semente na cova?

— Explique-se, doutor Inácio, porque ignoro o que o senhor fala.

— Há muita gente servindo ao espiritismo, mas desservindo ao seu próximo e a si mesmo. Amam a doutrina e envenenam o nome do seu próximo, quando não se encaixa em seus padrões de entendimento doutrinário.

— Não foi meu caso, doutor!

— Será mesmo?

— Eu servi ao espiritismo. Que honra maior alguém pode ter?

— Muitos que dizem servir ao espiritismo, na verdade, servem aos seus propósitos pessoais. Outros tantos, em pior condição, sentem-se zeladores avantajados da doutrina e adotam o dever de protegê-la sem nada realizar. Honra deveríamos ter em servir ao nosso próximo.

— Eu não quis fazer parte desses grupos de médiuns atrevidos, que mais se preocupam em estar na passarela, deteriorando a imagem do espiritismo.

— Não são as passarelas nem os bastidores que definem o servidor de Jesus, meu caro, e sim como nos conduzimos onde somos chamados a servir. Os médiuns que você considera atrevidos são quais os aleijados e coxos, mancos e paralíticos que Jesus chamou para a festa das núpcias, já que os homens preparados, detentores da túnica do conhecimento e da expressividade, não quiseram estar presentes onde foram designados.[2]

— Esses médiuns terão os momentos difíceis deles por aqui também.

— De fato, eles poderão mesmo ter seus momentos de muita luta ainda por vencer. Não são espíritos redimidos, todavia, sequer serão alojados aqui no Hospital Esperança, que é um albergue coletivo para quantos não puseram a mão no arado diante da obra a ser feita. Eles podem estar errando em muitos pontos, mas compareceram ao "banquete" e construíram muitos laços libertadores. E quem cultiva laços no mundo físico estende amizades imorredouras do lado de cá.

— Existem muitos médiuns que querem reconhecimento e louvor pelo fato de serem médiuns, como se fossem dotados de algo especial e merecessem a veneração.

— Você não teve a coragem de servir nos bastidores, Silvério. Queria a glória. A mesma glória que você supõe possuir os médiuns que acusa. Passou a vida com essa justificativa infeliz de que os médiuns da atualidade estão em uma loucura coletiva na comunidade, como se você fosse um fiscal da obra de Jesus. Enquanto Ele, o dono da obra, contava com todos os operários que você depreciava e censurava.

— Que exagero o seu, doutor! Acredita, então, que tais obsediados no mundo físico servem a Jesus?

— E você duvida, meu caro irmão?

---

2 Mateus, 22:1 a 14.

— Completamente. Só vendo para crer – e, pela primeira vez, riu debochadamente.

— Pois, então, vou lhe fazer uma surpresa por misericórdia de nosso Pai.

Doutor Inácio fez um sinal a um cooperador para abrir uma porta. E vimos entrar um homem que caminhou calmamente em direção a Silvério e se colocou à sua frente. Quando olhei para Silvério, ele estava vermelho. Parecia tomado de vergonha, e disse com a voz totalmente embargada:

— Zaica![3] É você mesmo?

— Olá, Silvério, meu irmão querido. Que Jesus te abençoe! – e deu-lhe um terno e longo abraço.

— Mas o que você faz por aqui? Acaso está também internado? – indagou Silvério.

— Qual de nós não está internado no hospital da vida, meu irmão?

— Como sabia que eu estava aqui? Eu... Eu estou confuso e... – e aquele homem, percebendo o constrangimento de Silvério, nem o permitiu continuar.

— Silvério, caro irmão, aqui é a vida da realidade, onde colhemos os frutos de nossa plantação, mas é também o celeiro de bênçãos para quantos necessitam da misericórdia divina. Eu estou aqui em nome de Lins de Vasconcellos[4], que me pediu proteção para que você tivesse asilo neste hospital abençoado.

---

3 Zaica é o apelido de Cleuzanir Ivantes, trabalhador espírita devotado de Maringá (PR), desencarnado em 27 de julho de 2007. Sofreu muitas críticas e incompreensões do movimento espírita, mas foi muito amado pelo povo.

4 Artur Lins de Vasconcellos Lopes – (1891 - 1952). Nasceu em Teixeira (PB). Teve uma expressiva atuação no movimento de unificação, sendo um dos signatários do Pacto Áureo, de 1949. Deixou obras sociais e doutrinárias valorosas em várias localidades do país, particularmente no estado do Paraná. Desencarnou em 21 de março de 1952, na cidade de São Paulo.

— Lins? Mas...

— Eu sei a natureza de suas dúvidas, caro irmão. Lins e eu sempre fomos muito ligados pelo coração, a despeito do que muitos acreditavam sobre mim na seara espírita. Tanto ele quanto eu colocamos o amor ao próximo acima de quaisquer conjecturas filosóficas e doutrinárias. Vim até aqui para incentivá-lo ao tratamento bendito desta casa de amor, para que depois possa integrar nossos labores de aprendizado e crescimento nas fileiras promissoras de nossas terras paranaenses. Tenho permissão para visitas semanais a você nesta enfermaria. Vamos conversar muito. Será uma bênção rever nossos atos à luz da imortalidade da alma. Fique com Deus e aquiete seu coração.

A passagem breve daquele homem deixou um frescor vibratório entre nós. Com gestos educados, despediu-se de todos, deixando a sensação de que elevado espírito havia passado por ali transformando tudo. O ambiente estava leve. Silvério parecia hipnotizado e olhava sem piscar os olhos até que Zaica saísse pela porta que entrou. Desejoso em dar continuidade à roda terapêutica, doutor Inácio manifestou:

— Zaica, para quem não conhece, foi um homem do bem e do amor. Colocou sua vida nas mãos do Cristo em testemunhos inegáveis de desapego, inteligência, candura e firmeza de propósitos. Agradeça a Deus, meu irmão Silvério, porque graças a Lins de Vasconcellos, que intercedeu em seu favor, arrumamos esse leito para sua recuperação. Acaso supunha que corações como esses poderiam novamente guardar conexões com suas necessidades?

Nenhuma palavra mais se fez necessária. A tarefa, a partir daquele momento, tomou outro rumo. Silvério, completamente extasiado, ficou em profunda meditação. Não seria exagero dizer que parecia sedado com a surpresa. A roda terapêutica continuou. Vários outros médiuns manifestaram suas angústias e, durante mais de sessenta minutos, aquele encontro descortinou novos e mais ricos horizontes para minhas meditações. Ao terminar, doutor Inácio convidou-me para uns minutos de prosa nos jardins, onde ele adorava se recompor, e me disse:

— Não falei para você, José Mário, que quando aqui viesse teria muitas surpresas?

— E como, doutor! E como!

— Isso é só o começo.

— E quem foi o irmão Zaica, doutor?

— Zaica foi muito chicoteado pela língua de Silvério quando na vida física. Médium rigoroso, Silvério tinha por hábito o excesso de raciocínios lógicos que o afastavam da produção mediúnica límpida, até que veio a desistir do trabalho com as costumeiras fugas de quem não quer experimentar o desconforto de ser avaliado. Apoiado em teses rígidas, passou a defender a ideia do espiritismo sem espíritos e com mais raciocínio, condenando ardentemente alguns trabalhadores que não se intimidaram no serviço. Lins de Vasconcellos, que foi um líder do espiritismo em terras do Paraná, devido a laços muito extensos com o movimento de unificação do espiritismo no mundo físico, cuidou e cuida com carinho de diversos corações vinculados às instituições criadas com essa finalidade. Entretanto, como em todo esforço humano há sempre os que partem para o exagero. Foi o caso de Silvério, que precisou de uma tutela muito colaborativa de nosso plano a fim de não se afundar em regiões sombrias após a morte do corpo físico. De descuido em descuido, tornou-se um ardoroso defensor da pureza doutrinária, e Zaica, homem destemido, foi um dos alvos prediletos de seus deboches. Aquela envelhecida armadilha do orgulho humano em querer servir a Deus sem servir ao seu próximo foi a causa de semelhante tormenta de Silvério. Com o tempo, tombou na depressão que hoje lhe consome por dentro como um sinal inegável da fuga aos gritos de sua alma, apelando por trabalho e aprimoramento na escola do amor ao próximo.

— Eu posso lhe fazer mais uma pergunta, doutor?

— Se eu disser que não, você vai aguentar?

— Claro que não, doutor Inácio – e rimos de nossas próprias falas.

— Pois então pergunte.

— Quando o senhor disse a Silvério que este local é um albergue, como entender isso?

— José Mário, tem muita gente supondo que o Hospital Esperança é um lugar de gente com méritos somente porque está sob a guarda de espíritos superiores, mas isso é um engano. Aqui, com exceções muito escassas, é um grande centro de recuperação coletiva para quem não tem méritos nem laços mais extensos para ir a lugar melhor. Inegavelmente, ninguém consegue aqui uma vaga sem intercessão, sendo que, na maioria das vezes, essa intercessão vem da bondade divina, e não de méritos. Pouquíssimas pessoas nesta casa de amor aqui se encontram por terem garantias de laços afetivos ou por merecimento de suas fichas de serviço no bem. Compreendeu?

— Mas, mesmo em casos como o de Pai Bené, Antonino e tantos outros trabalhadores no mundo físico que guardam laços intensos aqui no hospital, como considerar essa situação?

— São as exceções. E elas existem, certamente. Como você sabe, existem lares ao redor do Hospital Esperança que foram conquistas inalienáveis de diversos corações que fizeram por merecer. Construíram afinidades e respeito quando no mundo físico e merecem tal condição. É o caso de dona Modesta, que sempre nos recebe em sua casa e poderá, dentro das condições individuais de seu grupo de afinidades, trazê-los para cá em regime de amparo e educação espiritual.

— Silvério não tinha esses laços?

— Foi um homem muito intransigente e de temperamento rígido. Nem mesmo a família o suportou. Conseguiu ser alguém mais difícil até do que eu. Imagina?

— Doutor! – expressei contestando a comparação. Então o Hospital Esperança, a despeito da tecnologia e da ordem, tem seu foco em espíritos que não construíram merecimento para melhores condições de vida social por aqui?

— Funciona como um albergue mesmo. Eu nunca tive dúvida disso. Um albergue regido pelo amor e pela bondade celeste, que oferece trabalho e esclarecimento, amparo e resgate por puro ideal de progresso e educação espiritual. Zaica, por exemplo, é um homem bom e cristão. Veio de longe, de outros ambientes astrais, para atender ao pedido de Lins. Ele edificou um lar espiritual antes mesmo de desencarnar. Deixou amizades sem fim na esfera terrena.[5] Fez-se uma criatura amada e amou muito, tecendo laços muito ricos em nosso plano. Ao chegar aqui, já tinha o lugar de seus méritos erguido sob a guarda de benfeitores a ele afeiçoados.

— Que revelação para meus conceitos!

— É só o começo, José Mário! É só o começo!

Aquela fala de doutor Inácio não me saiu mais da cabeça. De fato, era só o começo de uma longa jornada, de um longo estágio de aprendizados sem limites.

Tamanha a minha paixão pela ala dos médiuns que solicitei transferência de minhas ações cooperativas para lá. Doutor Inácio avalizou meu pedido e passei a integrar um novo mundo de realizações e vivências na escola bendita da mediunidade.

---

5 Segundo informações de parentes, no dia do enterro de Zaica o cemitério teve de ser fechado, por atingir a lotação máxima, em razão do grande número de amigos e pessoas que o amavam.

Antes, porém, de tomar essa medida que me abriria novos planos de progresso, mantive-me mais algumas semanas nas câmaras de refazimento para acompanhar o desfecho do caso de Felício.

O caso do magistrado demandou meses de trabalho e medidas salvadoras que exigiram perícia, bondade e muito amparo dos Planos Maiores, que sempre trabalham apoiados na premissa do Cristo, narrada em Lucas, capítulo 15, versículo 7: "Digo-vos que assim haverá alegria no céu por um pecador que se arrepende, mais do que por noventa e nove justos que não necessitam de arrependimento".

Felício era a alma arrependida e carente de uma nova oportunidade redentora, e sem intercessão dos servidores do bem, certamente o destino do magistrado seria outro.

Dona Modesta, pessoalmente, fez o transporte do corpo espiritual do magistrado para a tenda umbandista no Rio de Janeiro. Essa tarefa somente pode ser realizada por pessoas muito preparadas na arte de socorrer casos graves como aquele. Um lapso, e esse transporte poderia ocasionar graves danos à saúde do corpo físico de Felício.

Após quatro dias de permanência do perispírito de Felício na tenda, chegava o instante da tarefa final.

As notícias da véspera eram muito auspiciosas. Zenon, o vigia dos cemitérios, criou uma severa discussão nas dependências do subsolo do Hospital Esperança, que terminou em agressões e perturbação. Por fim, resolveu negociar o corpo mental de Felício e, em troca, pediu asilo temporário até decidir seu rumo nos serviços junto às fileiras dos dragões. A complexidade de cenas como essa não comportaria em um livro inteiro para explicar as minúcias e ocorrências que se desenrolam em tais circunstâncias.

Mesmo com tantas situações indesejáveis, o saldo foi muito positivo.

Em uma noite de sessões destinadas aos preto-velhos na Tenda Umbandista Pai João de Angola, doutor Bezerra de Menezes foi convocado para que, ele próprio, procedesse a vinculação de corpos, abençoando o "renascimento" de Felício, que teria mais uma chance de recomeço na mesma existência carnal. À chegada do benfeitor, Pai Bené, na condição de sacerdote devotado do terreiro, encontrava-se em tarefas de rotina na tenda e foi o primeiro a ser saudado por doutor Bezerra. Em seguida, todos nós tivemos o ensejo bendito de abraçá-lo, sentindo seu paternal coração.

Todos os preparativos já haviam sido feitos. Estavam presentes dona Modesta, doutor Inácio Ferreira, Cornelius, Pai João de Angola. Mais de duas dezenas de servidores do Hospital Esperança cumpriam funções relativas ao caso.

A certa altura, Pai Bené se desdobrou com sua costumeira facilidade e disse a doutor Bezerra:

— Benfeitor de luz, que a vontade sábia de Deus se cumpra nesta casa.

Doutor Bezerra olhou para o alto com olhos marejados e uma luminosidade intensa e cristalina saía de seu peito ao orar assim:

Pai compassivo, escute a nossa prece.

Nós não te pedimos privilégios para essa alma em dor. Não te rogamos que afaste o cálice das provas necessárias nesse instante de sombras em que se enredou nosso irmão.

Nós, Oh Pai, te apelamos por misericórdia e por bondade.

Nosso esforço de amor poderá se transformar em benemérita sementeira de glórias e paz para multidões, sob guarda de nosso amado irmão.

Permita-nos ser os instrumentos de vida e renascimento, esperança e realização em favor da sua recuperação moral.

Pai, ouça o nosso pedido sincero para que a vida sobrepuje a morte.

Que a justiça se cumpra, todavia, permita que o amor inaugure um novo ciclo para esse filho querido que se desgarrou de teu rebanho.

Sabes melhor do que nós que a maldade nunca fez ninho em seu coração e acreditamos muito mais na luz de suas intenções do que nas rajadas impiedosas do vendaval das tendências que ainda carrega.

Confiamos no teu celeste amor e assim nos apequenamos para que a tua vontade se cumpra.

Após a oração sincera e rica de sentimento, doutor Bezerra colocou as mãos na cabeça e no tórax do corpo perispiritual de Felício. Saímos instantaneamente em volitação na direção do hospital no Rio de Janeiro. Uma experiência leve e sem sobressaltos. Em alguns segundos, já nos encontrávamos no quarto onde estava o corpo físico de Felício, totalmente vigiado por seguranças e técnicos da medicina espiritual.

Com uma facilidade impressionante regida por atrações instintivas da alma, corpo físico e perispírito se aglutinaram em natural acoplamento.

Foi, então, que dona Modesta pediu a todos para se afastarem um pouco e formar uma roda. Somente doutor Bezerra permanecia com a mão sobre o tórax do corpo físico do doente, no centro do círculo formado. Ele olhou para cima e o quarto todo se iluminou com uma cor rósea muito brilhante. E vi, em meio àquela luz intensa, algumas silhuetas femininas de cor vermelha, fazendo-me recordar velhos filmes da televisão nos quais pessoas eram transportadas de uma para outra região por meio de desmaterialização. No caso em questão, elas ali se materializavam, se é que posso usar essa terminologia.

Doutor Bezerra se ajoelhou. E seguimos seu gesto espontaneamente.

E em meio à cortina brilhante de luz, uma voz meiga, que nos penetrou o espírito, disse:

— Ave Cristo! Nós que te amamos também te saudamos em nome da vida. Eu, Maria de Nazaré, mãe e servidora, devolvo essa alma aos caminhos do bem sob guarda e tutela do mensageiro de tuas hostes benditas de amor.

E vimos, então, aquela bendita serva de Deus entregando nos braços de doutor Bezerra o corpo mental de Felício, resgatado por ela mesma nas furnas do mal.

Os servidores da luz e guardiões do bem, mais uma vez, triunfavam, inaugurando um ciclo de novas esperanças para aquele homem na Terra. Felício representava, agora, uma falange de servidores da luz, e sobre os seus ombros estavam sendo depositadas as mais ricas esperanças de um mundo melhor para um amplo raio de necessidades humanas, nas mais diversas comunidades carentes do Rio de Janeiro.

Maria, a benfeitora do amor incondicional, antes de sair, no entanto, repetiu os ensinos que ficariam como ecos libertadores na acústica de nossos espíritos eternos:

— "E, qualquer que entre vós quiser ser o primeiro, seja vosso servo;"[6]

---

6 Mateus, 20:27

Posfácio

Wanderley Oliveira

A trilogia se encerra, mas os conceitos -luminosos permanecem

Foi uma experiência luminosa e libertadora!

Primeiro o livro *Quem sabe pode muito. Quem ama pode mais*, depois *Quem perdoa liberta* e, por último, *Servidores da luz na transição planetária*, os três livros de José Mário são uma escola com lições para a eternidade.

Desafios da convivência no centro espírita foi o nome dado pelo autor espiritual a essa trilogia. Sem dúvida, um nome inspirado e que serviu de guia para todas as reflexões nas três obras.

A história do Grupo X, na verdade, pode ser a realidade de muitos grupos doutrinários. Sucessos e fracassos, conflitos e vitórias que são transformados em crescimento e aprendizado para todos aqueles que não desistem de assimilar a mensagem educativa de Jesus em suas vidas.

Ao encerrar essa trilogia, senti-me compelido a dar meu testemunho pessoal sobre o quanto os ensinos do autor espiritual José Mário foram e são verdadeiras balizas para minha vida como espírito imortal. Os ensinos são muitos, entretanto, um dos pontos mais preenchedores para minha libertação consciencial foram as noções claras sobre a mágoa nos três livros. Elas renovaram minha concepção sobre esse sentimento.

Sempre achei muito distante de mim o conceito sobre perdão, mesmo desejando intensamente praticá-lo. A visão psicológica da mágoa nos três volumes me aproximou do perdão que o Cristo propõe em seus ensinos. O perdão só acontece quando temos coragem de descobrir qual foi a nossa contribuição para que o contexto que nos magoou acontecesse. Não somos meras vítimas da ofensa alheia. Na relação humana, mesmo o ofendido constrói condições para que os fatos se desenrolem. É necessário coragem e humildade para olhar as ilusões que temos a respeito de nós e das pessoas com as quais nos relacionamos. Perceber nossa responsabilidade e desfocar da mente do ofensor é o verdadeiro segredo a caminho da compreensão. Isso nos alivia e faz perceber em quanta mentira acreditamos a respeito da nossa convivência. Quem não sabe dizer "não", quem espera dos outros o que eles não podem ou não querem dar, quem, enfim, deposita confiança excessiva em alguém, certamente será magoado.

A relação humana sadia exige limites, o amor não é um contrato em que um faz o que o outro deseja. Amor verdadeiro solicita honestidade emocional, autoamor preservativo e uma enorme capacidade de doação, pela simples motivação de fazer o outro feliz sem esperar algo em troca.

O conceito do perdão como atitude de esquecer o mal que alguém nos fez ou como uma virtude de retomar o relacionamento com o ofensor da mesma maneira que antes da ofensa é um enfoque que precisa ser reconsiderado, porque perdão não tem nada a ver com esquecimento das faltas ou negação da dor emocional para continuar a relação com alguém da mesma maneira.

Por conta dessas duas formas de enxergar o perdão, muitos de nós passamos por problemas graves de exploração emocional por parte do ofensor. Não se utilizando da memória, alegando que esquecemos o fato gerador da mágoa, poderemos passar novamente pela mesma experiência e, negando a dor emocional para manter um relacionamento que nos interessa ou do qual não temos como nos desvincular instantaneamente, ficaremos com um peso emocional não transmutado e que poderá nos prejudicar de várias formas.

O perdão que o Evangelho propõe e que os Sábios Guias comentam na questão 886, de *O livro dos espíritos*, é o perdão das ofensas, antes mesmo do perdão aos ofensores. Há uma enorme diferença entre perdoar ofensas e ofensores. A ofensa é a dor que trazemos no peito em decorrência da atitude lesiva do outro contra nós, e o ofensor é o sujeito que intencionalmente ou não foi agente ativo desse processo emocional. A ofensa é o conjunto de sentimentos que derivam do ato lesivo. Entre eles está a raiva, a sensação de injustiça, a dor da decepção e da frustração de sonhos e expectativas. Se não resolvemos conosco esses sentimentos, será infrutífero o ato de procurar o ofensor para o perdão legítimo. Concluímos, portanto, que perdoar é algo que começa em nós para depois se expressar na relação. Claro que isso tem variações. Casos, por exemplo, de marido e esposa, relações profissionais e outras tantas formas de conviver, nem sempre o distanciamento físico será possível, e assim a mágoa estará presente no dia a dia sem que tenhamos o tempo que seria desejável para curar as ofensas e depois criar uma nova relação ou, até mesmo, romper definitivamente com o ofensor.

Nos ambientes religiosos, o conceito de perdão como esquecimento automático das faltas tem levado muitas pessoas a viver uma vida emocionalmente adoecida, repleta de culpa, raiva contida, tristeza, exploração afetiva e depressão. E o pior... depois que desencarnam ainda vão ter de ser tratados no mundo espiritual como enfermos graves. O espírita, nesse aspecto, utiliza-se do carma para justificar suas dores, sendo que carma não tem nada a ver com fazer de conta que não estamos sentindo algo que necessita ser curado em nós. Ao contrário, o carma da mágoa é impulsionador, mobilizador. Vamos refletir neste prisma?

A mágoa é uma experiência muito dolorosa para não ter um sentido divino em nossa vida. Quem é ofendido está sendo convocado a enxergar algo que não quer ver. Ser magoado significa ter de olhar a vida de uma perspectiva que não queríamos nem gostaríamos, significa ter de olhar de forma diferente para nós, para nossas relações ou para a nossa vida como um todo.

Vamos dar um exemplo: uma pessoa tem muita confiança em outra e confia-lhe um bem ou uma empresa. Depois de um tempo, descobre que a pessoa em quem ela confiava não correspondeu a essa expectativa, destinando para fins indevidos aquele bem ou aquela empresa. Então, o ofendido se volta contra o ofensor, pois esta é a tendência mais comum. Entretanto, ele não percebe que o ocorrido tem a ver com ele também. Tem a ver, por exemplo, com sua acomodação, com sua preguiça de acompanhar ou gerenciar suas responsabilidades, tem a ver com o fato de não saber dizer "não". Esse caso singelo pode ser percebido com muita frequência nos relacionamentos entre amigos, de chefes com empregados, de pais com filhos, de dirigentes com frequentadores de centros espíritas, enfim, em qualquer nível de convivência. O assunto é muito amplo.

No livro *Quem perdoa liberta*, o autor José Mário deixa bem claro que no Grupo X, um grupo espírita no qual é tecido o enredo da obra, faltou o perdão pela perspectiva da misericórdia. Isso levou o grupo às piores consequências de dor e separação. A misericórdia é a atitude de romper com os fios da mágoa por meio do movimento de focar a vida mental no melhor que o outro é. Ao conseguirmos aplicar a misericórdia, além de nos proteger das ofensas, enobrecemos nossa atitude não criando elos com a dor emocional da ofensa e seus reflexos em nossa vida, libertando-nos para um estágio de vida rico de atitudes sadias e educativas, defensivas e fortalecedoras.

Se algo mais posso dizer após tantas luzes derramadas pelo querido amigo espiritual José Mário, é sobre minha gratidão por sua paciência e bondade para com minhas limitações como médium.

Nós te agradecemos, amigo querido, pelo bem que nos fez trazendo seus apontamentos preciosos. Agradecemos por nos brindar com esses três presentes que nos farão, inevitavelmente, sermos alguém melhor perante o próximo, a vida e nós próprios.

Deus o abençoe e ilumine seu esforço bendito no mundo espiritual

Wanderley Oliveira – setembro/2012

FichaTécnica

Título
Servidores da Luz na Transição Planetária

Autoria
Espírito José Mário
psicografado por Wanderley Oliveira

Edição
1ª

ISBN
978-85-63365-25-5

Projeto gráfico e diagramação
Tuane Silva

Capa
César Oliveira

Revisão
Mary Ferrarini

Coordenação e preparação de originais
Maria José da Costa

Composição
Adobe Indesign CS5 (plataforma Mac)

Páginas
249

Tamanho do miolo
Miolo 16 x 23 cm
Capa 16 x 23 cm com orelhas de 9 cm

Tipografia
Texto principal: Bell MT 12pt
Título: Fortunatus
Notas de rodapé: Bell MT 9pt

Margens
17 mm; 25 mm; 28 mm; 20 mm
(superior;inferior;interna;externa)

Papel
Miolo em Pólen 80 g/m²
Capa papel Duo Design 250g/m2

Cores
Miolo: Pantone 221C e Black (K)
Capa em 4 x 1 cores CMYK e Pantone 221

Pré-impressão
CTP da Gráfica Vida e Consciência (SP)

Impressão
AtualDV (Curitiba/PR)

Acabamento
Brochura, cadernos de 32 pp
Costurados e colados
Capa com orelhas laminação BOPP fosca

Tiragem
Sob Demanda

Produção
Abril/2022

NOSSAS PUBLICAÇÕES

SÉRIE AUTOCONHECIMENTO

DEPRESSÃO E AUTOCONHECIMENTO - COMO EXTRAIR PRECIOSAS LIÇÕES DESSA DOR

A proposta de tratamento complementar da depressão aqui abordada tem como foco a educação para lidar com nossa dor, que muito antes de ser mental, é moral.

Wanderley Oliveira
16 x 23 cm
235 páginas

FALA, PRETO VELHO

Um roteiro de autoproteção energética através do autoamor. Os textos aqui desenvolvidos permitem construir nossa proteção interior por meio de condutas amorosas e posturas mentais positivas, para criação de um ambiente energético protetor ao redor de nossas vidas.

Wanderley Oliveira | Pai João de Angola
16 x 23 cm
291 páginas

ebook

QUAL A MEDIDA DO SEU AMOR?

Propõe revermos nossa forma de amar, pois estamos mais próximos de uma visão particularista do que de uma vivência autêntica desse sentimento. Superar limites, cultivar relações saudáveis e vencer barreiras emocionais são alguns dos exercícios na construção desse novo olhar.

Wanderley Oliveira | Ermance Dufaux
16 x 23 cm
208 páginas

ebook

APAIXONE-SE POR VOCÊ

Você já ouviu alguém dizer para outra pessoa: "minha vida é você"?
Enquanto o eixo de sua sustentação psicológica for outra pessoa, a sua vida estará sempre ameaçada, pois o medo da perda vai rondar seus passos a cada minuto.

Wanderley Oliveira
16 x 23 cm
152 páginas

A VERDADE ALÉM DAS APARÊNCIAS - O UNIVERSO INTERIOR

Liberte-se da ansiedade e da angústia, direcionando o seu espírito para o único tempo que realmente importa: o presente. Nele você pode construir um novo olhar, amplo e consciente, que levará você a enxergar a verdade além das aparências.

Samuel Gomes
16 x 23 cm
272 páginas

DESCOMPLIQUE, SEJA LEVE

Um livro de mensagens para apoiar sua caminhada na aquisição de uma vida mais suave e rica de alegrias na convivência.

Wanderley Oliveira
16 x 23 cm
238 páginas

7 CAMINHOS PARA O AUTOAMOR

O tema central dessa obra é o autoamor que, na concepção dos educadores espirituais, tem na autoestima o campo elementar para seu desenvolvimento. O autoamor é algo inato, herança divina, enquanto a autoestima é o serviço laborioso e paciente de resgatar essa força interior, ao longo do caminho de volta à casa do Pai.

Wanderley Oliveira | Pai João de Angola
16 x 23 cm
272 páginas

A REDENÇÃO DE UM EXILADO

A obra traz informações sobre a formação da civilização, nos primórdios da Terra, que contou com a ajuda do exílio de milhões de espíritos mandados para cá para conquistar sua recuperação moral e auxiliar no desenvolvimento das raças e da civilização. É uma narrativa do Apóstolo Lucas, que foi um desses enviados, e que venceu suas dificuldades íntimas para seguir no trabalho orientado pelo Cristo.

Samuel Gomes | Lucas
16 x 23 cm
368 páginas

AMOROSIDADE - A CURA DA FERIDA DO ABANDONO

Uma das mais conhecidas prisões emocionais na atualidade é a dor do abandono, a sensação de desamparo. Essa lesão na alma responde por larga soma de aflições em todos os continentes do mundo. Não há quem não esteja carente de ser protegido e acolhido, amado e incentivado nas lutas de cada dia.

Wanderley Oliveira | Ermance Dufaux
16 x 23 cm
300 páginas

MEDIUNIDADE - A CURA DA FERIDA DA FRAGILIDADE

Ermance Dufaux vem tratando sobre as feridas evolutivas da humanidade. A ferida da fragilidade é um dos traços mais marcantes dos aprendizes da escola terrena. Uma acentuada desconexão com o patrimônio da fé e do autoamor, os verdadeiros poderes da alma.

Wanderley Oliveira | Ermance Dufaux
16 x 23 cm
235 páginas

CONECTE-SE A VOCÊ - O ENCONTRO DE UMA NOVA MENTALIDADE QUE TRANSFORMARÁ A SUA VIDA

Este livro vai te estimular na busca de quem você é verdadeiramente. Com leitura de fácil assimilação, ele é uma viagem a um país desconhecido que, pouco a pouco, revela características e peculiaridades que o ajudarão a encontrar novos caminhos. Para esta viagem, você deve estar conectado a sua essência. A partir daí, tudo que você fizer o levará ao encontro do propósito que Deus estabeleceu para sua vida espiritual.

Rodrigo Ferretti
16 x 23 cm
256 páginas

APOCALIPSE SEGUNDO A ESPIRITUALIDADE - O DESPERTAR DE UMA NOVA CONSCIÊNCIA

Num curso realizado em uma colônia do plano espiritual, o livro Apocalipse, de João Evangelista, é estudado de forma dinâmica e de fácil entendimento, desvendando a simbologia das figuras místicas sob o enfoque do autoconhecimento.

Samuel Gomes
16 x 23 cm
313 páginas

VIDAS PASSADAS E HOMOSSEXUALIDADE - CAMINHOS QUE LEVAM À HARMONIA

"Vidas Passadas e Homossexualidade" é, antes de tudo, um livro sobre o autoconhecimento. E, mais que uma obra que trada do uso prático da Terapia de Regressão às Vidas Passadas . Em um conjunto de casos, ricamente descritos, o leitor poderá compreender a relação de sua atual encarnação com aquelas que ele viveu em vidas passadas. O obra mostra que absolutamente tudo está interligado. Se o leitor não encontra respostas sobre as suas buscas psicológicas nesta vida, ele as encontrará conhecendo suas vidas passadas.
Samuel Gomes

Dra. Solange Cigagna
16 x 23 cm
364 páginas

SÉRIE CONSCIÊNCIA DESPERTA

SAIA DO CONTROLE - UM DIÁLOGO TERAPEUTICO E LIBERTADOR ENTRE A MENTE E A CONSCIÊNCIA

Agimos de forma instintiva por não saber observar os pensamentos e emoções que direcionam nossas ações de forma condicionada. Por meio de uma observação atenta e consciente, identificando o domínio da mente em nossas vidas, passamos a viver conscientes das forças internas que nos regem.

Rossano Sobrinho
16 x 23 cm
268 páginas

SÉRIE CULTO NO LAR

VIBRAÇÕES DE PAZ EM FAMÍLIA

Quando a família se reúne para orar, ou mesmo um de seus componetes, o ambiente do lar melhora muito. As preces são emissões poderosas de energia que promovem a iluminação interior. A oração em família traz paz e fortalece, protege e ampara a cada um que se prepara para a jornada terrena rumo à superação de todos os desafios.

Wanderley Oliveira | Ermance Dufaux
16 x 23 cm
212 páginas

JESUS - A INSPIRAÇÃO DAS RELAÇÕES LUMINOSAS

Após o sucesso de "Emoções que curam", o espírito Ermance Dufaux retorna com um novo livro baseado nos ensinamentos do Cristo, destacando que o autoamor é a garantia mais sólida para a construção de relacionamentos luminosos.

Wanderley Oliveira | Ermance Dufaux
16 x 23 cm
304 páginas

REGENERAÇÃO - EM HARMONIA COM O PAI

Nos dias em que a Terra passa por transformações fundamentais, ampliando suas condições na direção de se tornar um mundo regenerado, é necessário desenvolvermos uma harmonia inabalável para aproveitar as lições que esses dias nos proporcionam por meio das nossas decisões e das nossas escolhas, [...].

Samuel Gomes | Diversos Espíritos
16 x 23 cm
223 páginas

PRECES ESPÍRITAS

Porque e como orar?
O modo como oramos influi no resultado de nossas preces?
Existe um jeito certo de fazer a oração?
Allan Kardec nos afirma que *"não há fórmula absoluta para a prece"*, mas o próprio Evangelho nos orienta que *"quando oramos, devemos entrar no nosso aposento interno do coração e, fechando a porta, busquemos Deus que habita em nós; e Ele, que vê nossa mais secreta realidade espiritual, nos amparará em todas as necessidades. Ao orarmos, evitemos as repetições de orações realizadas da boca para fora, como muitos que pensam que por muito falarem serão ouvidos. Oremos a Deus em espírito e verdade porque nosso Pai sabe o que nos é necessário, antes mesmo de pedirmos"*. (Mateus 6:5 a 8)

Allan Kardec
16 x 23 cm
145 páginas

ebook

O EVANGELHO SEGUNDO O ESPIRITISMO

O Evangelho de Jesus Cristo foi levado ao mundo por meio de seus discípulos, logo após o desencarne do Mestre na cruz. Mas o Evangelho de Cristo foi, muitas vezes, alterado e deturpado através de inúmeras edições e traduções do chamado Novo Testamento. Agora, a Doutrina Espírita, por meio de um trabalho sob a óptica dos espíritos e de Allan Kardec, vem jogar luz sobre a verdadeira face de Cristo e seus ensinamentos de perdão, caridade e amor.

Allan Kardec
16 x 23 cm
431 páginas

SÉRIE DESAFIOS DA CONVIVÊNCIA

QUEM SABE PODE MUITO. QUEM AMA PODE MAIS

A lição central desta obra é mostrar que o conhecimento nem sempre é suficiente para garantir a presença do amor nas relações. "Estar informado é a primeira etapa. Ser transformado é a etapa da maioridade." - Eurípedes Barsanulfo.

Wanderley Oliveira | José Mário
16 x 23 cm
312 páginas

ebook

QUEM PERDOA LIBERTA - ROMPER OS FIOS DA MÁGOA ATRAVÉS DA MISERICÓRDIA

Continuação do livro "QUEM SABE PODE MUITO. QUEM AMA PODE MAIS" dando sequência à trilogia "Desafios da Convivência".

Wanderley Oliveira | José Mário
16 x 23 cm
320 páginas

SERVIDORES DA LUZ NA TRANSIÇÃO PLANETÁRIA

Nesta obra recebemos o convite para nos integrar nas fileiras dos Servidores da Luz, atuando de forma consciente diante dos desafios da transição planetária. Brilhante fechamento da trilogia.

Wanderley Oliveira | José Mário
14x21 cm
298 páginas

 SÉRIE **ESPÍRITOS DO BEM**

GUARDIÕES DO CARMA - A MISSÃO DOS EXUS NA TERRA

Pai João de Angola quebra com o preconceito criado em torno dos exus e mostra que a missão deles na Terra vai além do que conhecemos. Na verdade, eles atuam como guardiões do carma, nos ajudando nos principais aspectos de nossas vidas.

Wanderley Oliveira | Pai João de Angola
16 x 23 cm
288 páginas

GUARDIÃS DO AMOR - A MISSÃO DAS POMBAGIRAS NA TERRA

"São um exemplo de amor incondicional e de grandeza da alma. São mães dos deserdados e angustiados. São educadoras e desenvolvedoras do sagrado feminino, e nesse aspecto são capazes de ampliar, nos homens e nas mulheres, muitas conquistas que abrem portas para um mundo mais humanizado, [...]".

Wanderley Oliveira | Pai João de Angola
16 x 23 cm
232 páginas

GUARDIÕES DA VERDADE - NADA FICARÁ OCULTO

Neste momento de batalhas decisivas rumo aos tempos da regeneração, esta obra é um alerta que destaca a importância da autenticidade nas relações humanas e da conduta ética como bases para uma forma transparente de viver. A partir de agora, nada ficará oculto, pois a Verdade é o único caminho que aguarda a humanidade para diluir o mal e se estabelecer na realidade que rege o universo.

Wanderley Oliveira | Pai João de Angola
16 x 23 cm
236 páginas

SÉRIE ESTUDOS DOUTRINÁRIOS

ATITUDE DE AMOR

Opúsculo contendo a palestra "Atitude de Amor" de Bezerra de Menezes, o debate com Eurípedes Barsanulfo sobre o período da maioridade do Espiritismo e as orientações sobre o "movimento atitude de amor". Por uma efetiva renovação pela educação moral.

Wanderley Oliveira | Ermance Dufaux e Cícero Pereira
14 x 21 cm
94 páginas

SEARA BENDITA

Um convite à reflexão sobre a urgência de novas posturas e conceitos. As mudanças a adotar em favor da construção de um movimento social capaz de cooperar com eficácia na espiritualização da humanidade.

Wanderley Oliveira e Maria José Costa | Diversos Espíritos
14 x 21 cm
284 páginas

Gratuito em nosso site, somente em:

NOTÍCIAS DE CHICO

"Nesta obra, Chico Xavier afirma com seu otimismo natural que a Terra caminha para uma regeneração de acordo com os projetos de Jesus, a caracterizar-se pela tolerância humana recíproca e que precisamos fazer a nossa parte no concerto projetado pelo Orientador Maior, principalmente porque ainda não assumimos responsabilidades mais expressivas na sustentação das propostas elevadas que dizem respeito ao futuro do nosso planeta."

Samuel Gomes | Chico Xavier
16 x 23 cm
181 páginas

SÉRIE FAMÍLIA E ESPIRITUALIDADE

UM JOVEM OBSESSOR - A FORÇA DO AMOR NA REDENÇÃO ESPIRITUAL

Um jovem conta sua história, compartilhando seus problemas após a morte, falando sobre relacionamentos, sexo, drogas e, sobretudo, da força do amor na redenção espiritual.

Adriana Machado | Jefferson
16 x 23 cm
392 páginas

UM JOVEM MÉDIUM - CORAGEM E SUPERAÇÃO PELA FORÇA DA FÉ

A mediunidade é um canal de acesso às questões de vidas passadas que ainda precisam ser resolvidas. O livro conta a história do jovem Alexandre que, com sua mediunidade, se torna o intermediário entre as histórias de vidas passadas daqueles que o rodeiam tanto no plano físico quanto no plano espiritual. Surpresos com o dom mediúnico do menino, os pais, de formação Católica, se veem às voltas com as questões espirituais que o filho querido traz para o seio da família.

Adriana Machado | Ezequiel
16 x 23 cm
365 páginas

RECONSTRUA SUA FAMÍLIA - CONSIDERAÇÕES PARA O PÓS-PANDEMIA

Vivemos dias de definição, onde nada mais será como antes. Necessário redefinir e ampliar o conceito de família. Isso pode evitar muitos conflitos nas interações pessoais. O autoconhecimento seguido de reforma íntima será o único caminho para transformação do ser humano, das famílias, das sociedades e da humanidade.

Dr. Américo Canhoto
16 x 23 cm
237 páginas

SÉRIE HARMONIA INTERIOR

LAÇOS DE AFETO - CAMINHOS DO AMOR NA CONVIVÊNCIA

Uma abordagem sobre a importância do afeto em nossos relacionamentos para o crescimento espiritual. São textos baseados no dia a dia de nossas experiências. Um estímulo ao aprendizado mais proveitoso e harmonioso na convivência humana.

Wanderley Oliveira | Ermance Dufaux
16 x 23 cm
312 páginas

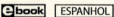

MEREÇA SER FELIZ - SUPERANDO AS ILUSÕES DO ORGULHO

Um estudo psicológico sobre o orgulho e sua influência em nossa caminhada espiritual. Ermance Dufaux considera essa doença moral como um dos mais fortes obstáculos à nossa felicidade, porque nos leva à ilusão.

Wanderley Oliveira | Ermance Dufaux
16 x 23 cm
296 páginas

REFORMA ÍNTIMA SEM MARTÍRIO - AUTOTRANSFORMAÇÃO COM LEVEZA E ESPERANÇA

As ações em favor do aperfeiçoamento espiritual dependem de uma relação pacífica com nossas imperfeições. Como gerenciar a vida íntima sem adicionar o sofrimento e sem entrar em conflito consigo mesmo?

Wanderley Oliveira | Ermance Dufaux
16 x 23 cm
288 páginas

PRAZER DE VIVER - CONQUISTA DE QUEM CULTIVA A FÉ E A ESPERANÇA

Neste livro, Ermance Dufaux, com seus ensinos, nos auxilia a pensar caminhos para alcançar nossas metas existenciais, a fim de que as nossas reencarnações sejam melhor vividas e aproveitadas.

Wanderley Oliveira | Ermance Dufaux
16 x 23 cm
248 páginas

ESCUTANDO SENTIMENTOS - A ATITUDE DE AMAR-NOS COMO MERECEMOS

Ermance afirma que temos dado passos importantes no amor ao próximo, mas nem sempre sabemos como cuidar de nós, tratando-nos com culpas, medos e outros sentimentos que não colaboram para nossa felicidade.

Wanderley Oliveira | Ermance Dufaux
16 x 23 cm
256 páginas

DIFERENÇAS NÃO SÃO DEFEITOS - A RIQUEZA DA DIVERSIDADE NAS RELAÇÕES HUMANAS

Ninguém será exatamente como gostaríamos que fosse. Quando aprendemos a conviver bem com os diferentes e suas diferenças, a vida fica bem mais leve. Aprenda esse grande SEGREDO e conquiste sua liberdade pessoal.

Wanderley Oliveira | Ermance Dufaux
16 x 23 cm
248 páginas

EMOÇÕES QUE CURAM - CULPA, RAIVA E MEDO COMO FORÇAS DE LIBERTAÇÃO

Um convite para aceitarmos as emoções como forma terapêutica de viver, sintonizando o pensamento com a realidade e com o desenvolvimento da autoaceitação.

Wanderley Oliveira | Ermance Dufaux
16 x 23 cm
272 páginas

SÉRIE REFLEXÕES DIÁRIAS

PARA SENTIR DEUS

Nos momentos atuais da humanidade sentimos extrema necessidade da presença de Deus. Ermance Dufaux resgata, para cada um, múltiplas formas de contato com Ele, de como senti-Lo em nossas vidas, nas circunstâncias que nos cercam e nos semelhantes que dividem conosco a jornada reencarnatória. Ver, ouvir e sentir Deus em tudo e em todos.

Wanderley Oliveira | Ermance Dufaux
11 x 15,5 cm
133 páginas
Somente ebook

LIÇÕES PARA O AUTOAMOR

Mensagens de estímulo na conquista do perdão, da aceitação e do amor a si mesmo. Um convite à maravilhosa jornada do autoconhecimento que nos conduzirá a tomar posse de nossa herança divina.

Wanderley Oliveira | Ermance Dufaux
11 x 15,5 cm
128 páginas
Somente ebook

RECEITAS PARA A ALMA

Mensagens de conforto e esperança, com pequenos lembretes sobre a aplicação do Evangelho para o dia a dia. Um conjunto de propostas que se constituem em verdadeiros remédios para nossas almas.

Wanderley Oliveira | Ermance Dufaux
11 x 15,5 cm
146 páginas
Somente ebook

SÉRIE REGENERAÇÃO

FUTURO ESPIRITUAL DA TERRA

As necessidades, as estruturas perispirituais e neuropsíquicas, o trabalho, o tempo, as características sociais e os próprios recursos de natureza material se tornarão bem mais sutis. O futuro já está em construção e André Luiz, através da psicografia de Samuel Gomes, conta como será o Futuro Espiritual da Terra.

Samuel Gomes | André Luiz
16 x 23 cm
344 páginas

ebook

XEQUE-MATE NAS SOMBRAS - A VITÓRIA DA LUZ

André Luiz traz notícias das atividades que as colônias espirituais, ao redor da Terra, estão realizando para resgatar os espíritos que se encontram perdidos nas trevas e conduzi-los a passar por um filtro de valores, seja para receberem recursos visando a melhorar suas qualidades morais – se tiverem condições de continuar no orbe – seja para encaminhá-los ao degredo planetário.

Samuel Gomes | André Luiz
16 x 23 cm
212 páginas

ebook

A DECISÃO - CRISTOS PLANETÁRIOS DEFINEM O FUTURO ESPIRITUAL DA TERRA

"Os Cristos Planetários do Sistema Solar e de outros sistemas se encontram para decidir sobre o futuro da Terra na sua fase de regeneração. Numa reunião que pode ser considerada, na atualidade, uma das mais importantes para a humanidade terrestre, Jesus faz um pronunciamento direto sobre as diretrizes estabelecidas por Ele para este período."

Samuel Gomes | André Luiz e Chico Xavier
16 x 23 cm
210 páginas

ebook

SÉRIE ROMANCE MEDIÚNICO

OS DRAGÕES - O DIAMANTE NO LODO NÃO DEIXA DE SER DIAMANTE

Um relato leve e comovente sobre nossos vínculos com os grupos de espíritos que integram as organizações do mal no submundo astral.

Wanderley Oliveira | Maria Modesto Cravo
16 x 23cm
522 páginas

LÍRIOS DE ESPERANÇA

Ermance Dufaux alerta os espíritas e lidadores do bem de um modo geral, para as responsabilidades urgentes da renovação interior e da prática do amor neste momento de transição evolutiva, através de novos modelos de relação, como orientam os benfeitores espirituais.

Wanderley Oliveira | Ermance Dufaux
16 x 23 cm
508 páginas

AMOR ALÉM DE TUDO

Regras para seguir e rótulos para sustentar. Até quando viveremos sob o peso dessas ilusões? Nessa obra reveladora, Dr. Inácio Ferreira nos convida a conhecer a verdade acima das aparências. Um novo caminho para aqueles que buscam respeito às diferenças e o AMOR ALÉM DE TUDO.

Wanderley Oliveira | Inácio Ferreira
16 x 23 cm
252 páginas

ABRAÇO DE PAI JOÃO

Pai João de Angola retorna com conceitos simples e práticos, sobre os problemas gerados pela carência afetiva. Um romance com casos repletos de lutas, desafios e superações. Esperança para que permaneçamos no processo de resgate das potências divinas de nosso espírito.

Wanderley Oliveira | Pai João de Angola
16 x 23 cm
224 páginas

UM ENCONTRO COM PAI JOÃO

A obra também fala do valor de uma terapia, da necessidade do autoconhecimento, dos tipos de casamentos programados antes do reencarne, dos processos obsessivos de variados graus e do amparo de Deus para nossas vidas por meio dos amigos espirituais e seus trabalhadores encarnados. Narra também em detalhes a dinâmica das atividades socorristas do centro espírita.

Wanderley Oliveira | Pai João de Angola
16 x 23 cm
220 páginas

O LADO OCULTO DA TRANSIÇÃO PLANETÁRIA

O espírito Maria Modesto Cravo aborda os bastidores da transição planetária com casos conectados ao astral da Terra.

Wanderley Oliveira | Maria Modesto Cravo
16 x 23 cm
288 páginas

ebook

PERDÃO - A CHAVE PARA A LIBERDADE

Neste romance revelador, conhecemos Onofre, um pai que enfrenta a perda de seu único filho com apenas oito anos de idade. Diante do luto e diversas frustrações, um processo desafiador de autoconhecimento o convida a enxergar a vida com um novo olhar. Será essa a chave para a sua libertação?

Adriana Machado | Ezequiel
14 x 21 cm
288 páginas

ebook

1/3 DA VIDA - ENQUANTO O CORPO DORME A ALMA DESPERTA

A atividade noturna fora da matéria representa um terço da vida no corpo físico, e é considerada por nós como o período mais rico em espiritualidade, oportunidade e esperança.

Wanderley Oliveira | Ermance Dufaux
16 x 23 cm
279 páginas

ebook

NEM TUDO É CARMA, MAS TUDO É ESCOLHA

Somos todos agentes ativos das experiências que vivenciamos e não há injustiças ou acasos em cada um dos aprendizados.

Adriana Machado | Ezequiel
16 x 23 cm
536 páginas

ebook

RETRATOS DA VIDA - AS CONSEQUÊNCIAS DO DESCOMPROMETIMENTO AFETIVO

Túlio costumava abstrair-se da realidade, sempre se imaginando pintando um quadro; mais especificamente pintando o rosto de uma mulher.
Vivendo com Dora um casamento já frio e distante, uma terrível e insuportável dor se abate sobre sua vida. A dor era tanta que Túlio precisou buscar dentro de sua alma uma resposta para todas as suas angústias..

Clotilde Fascioni
16 x 23 cm
175 páginas

O PREÇO DE UM PERDÃO - AS VIDAS DE DANIEL

Daniel se apaixona perdidamente e, por várias vidas, é capaz de fazer qualquer coisa para alcançar o objetivo de concretizar o seu amor. Mas suas atitudes, por mais verdadeiras que sejam, o afastam cada vez mais desse objetivo. É quando a vida o para.

André Figueiredo e Fernanda Sicuro | Espírito Bruno
16 x 23 cm
333 páginas

ebook

Livros que transformam vidas!

Acompanhe nossas redes sociais

(lançamentos, conteúdos e promoções)

@editoradufaux

facebook.com/EditoraDufaux

youtube.com/user/EditoraDufaux

Conheça nosso catálogo e mais sobre nossa editora. Acesse os nossos sites

Loja Virtual

www.dufaux.com.br

eBooks, conteúdos gratuitos e muito mais

www.editoradufaux.com.br

Entre em contato com a gente.

Use os nossos canais de atendimento

(31) 99193-2230

(31) 3347-1531

www.dufaux.com.br/contato

sac@editoradufaux.com.br

Rua Contria, 759 | Alto Barroca | CEP 30431-028 | Belo Horizonte | MG